CROCHET

Thread Fashions for the Home™

Designs by Josie Rabier

General Information

Many of the products used in this pattern book can be purchased from local craft, fabric and variety stores, or from the Annie's Attic Needlecraft Catalog *(see Customer Service information on page 32).*

Diamonds & Shells	2
Angel Wings	3
Lacets & Lace	5
Flowers & Fans	6
Exotic Beauty	7
Lotus Blossoms	9

Whirlwind	11
Sweethearts	13
Popcorn & Pineapples	14
Flower Trefoils	16
Pineapple Centerpiece	17
Gossamer Wings	20

Daisies All Around	23
Scarlet Ruffles	24
Sunburst	26
Aster Beauty	28
Buttercups	29
Stitch Guide	31

Annie's Attic • Berne, IN 46711 • www.AnniesAttic.com • *Thread Fashions for the Home* 1

Diamonds & Shells

SKILL LEVEL

INTERMEDIATE

FINISHED SIZE
9 inches wide x 21 inches folded

MATERIALS
- Caron's Grandma's Best crochet cotton size 10: 400 yds #21 white
- Size 7/1.65mm steel crochet hook or size needed to obtain gauge
- Tapestry needle
- Sewing needle
- Sewing thread to match ribbon
- 43 inches 5/8-inch-wide double-sided ribbon

GAUGE
Row 1 = 1½ inches across; 3 dc rows = 1 inch

PATTERN NOTE
Do not count or work into slip stitches unless otherwise stated.

SPECIAL STITCHES
Beginning shell (beg shell): Ch 3 *(counts as first dc)*, 4 dc in same st or ch sp.

Shell: 5 dc in next st or ch sp.

V-stitch (V-st): (dc, ch 3, dc) in specified st or ch sp.

INSTRUCTIONS
Band
Row 1: Ch 13, dc in 4th ch from hook *(first 3 chs count as first dc)*, dc in next ch, ch 3, sk next 2 chs, sl st in next ch, ch 3, sk next 2 chs, dc in each of last 3 chs, turn. *(6 dc, 2 ch-sps, 1 sl st)*
Row 2: Ch 3 *(counts as first dc throughout)*, dc in each of next 2 sts, ch 5, sk ch-3 sps, dc in each of last 3 sts, turn.
Row 3: Ch 3, dc in each of next 2 sts, ch 3, sl st in center ch of next ch-5 sp, ch 3, dc in each of last 3 dc, turn.
Rows 4–119: Rep rows 2 and 3 alternately.

Row 120: Ch 3, dc in each of next 2 sts, ch 5, sk ch sps, dc in each of last 3 sts. Fasten off.
Sew row 1 and row 120 tog forming a circle.

Bottom Border
Rnd 1: Working in ends of rows of Band, join with sc in end of first row, sc in same row, 2 sc in each row around, join with sl st in beg sc.
Rnd 2: Ch 1, sc in first st, [sk next st, **shell** *(see Special Stitches)* in next st, sk next st, sc in next st] around, ending with sk next st, shell in next st, sk last st, join with sl st in beg sc.
Rnd 3: Beg shell *(see Special Stitches)* in first st, *sc in center dc of next shell, [ch 5, sc in center dc of next shell] 5 times**, shell in next sc, rep from * around, ending last rep at **, join with sl st in top of beg ch-3.
Rnd 4: Sl st in next st, ch 1, sc in next st, *shell in next sc, sc in next ch sp, [ch 5, sc in next ch sp] 4 times, shell in next sc**, sc in center st of next shell, rep from * around, ending last rep at **, join with sl st in beg sc.
Rnd 5: Sl st in next st, ch 1, sc in next st, *shell in next sc, sc in next ch sp, [ch 5, sc in next ch sp] 3 times, shell in next sc, sc in center st of next shell, ch 5**, sc in center st of next shell, rep from * around, ending last rep at **, join with sl st in beg sc.
Rnd 6: Sl st in next st, ch 1, sc in next st, *shell in next sc, sc in next ch sp, [ch 5, sc in next ch sp] twice, shell in next sc, sc in center st of next shell, ch 5, sc in next ch sp, ch 5**, sc in center st of next shell, rep from * around, ending last rep at **, join with sl st in beg sc.
Rnd 7: Sl st in next st, ch 1, sc in next st, *shell in next sc, sc in next ch sp, ch 5, sc in next ch sp, shell in next sc, sc in center st of next shell, [ch 5, sc in next ch sp] twice, ch 5**, sc in center st of next shell, rep from * around, ending last rep at **, join with sl st in beg sc.
Rnd 8: Sl st in next st, ch 1, sc in next st, *shell in next sc, sc in next ch sp, shell in next sc, sc in center st of next shell, [ch 5, sc in next ch sp] 3 times, ch 5**, sc in center st of next shell, rep from * around, ending last rep at **, join with sl st in beg sc.
Rnd 9: Sl st in next st, ch 1, sc in next st, *shell in next sc, sc in center st of next shell, [ch 5, sc in next ch sp] 4 times, ch 5**, sc in center st of next shell, rep from * around, ending last rep at **, join with sl st in beg sc.
Rnds 10–15: Rep rnds 4–9.
Rnd 16: Sl st in next st, ch 1, sc in next st, *[ch 5, sc in next ch sp] 5 times, ch 5**, sc in center st of next shell, rep from * around, ending last rep at **, join with sl st in beg sc.
Rnd 17: Beg shell in first st, *[sc in next ch sp, ch 5] twice, sc in next ch sp, shell in next sc, sc in next ch sp, [ch 5, sc in next ch sp] twice**, shell in next sc, rep from * around, ending last rep at **, join with sl st in beg sc.
Rnd 18: Ch 6 *(counts as first dc and ch 3)*, dc in same st, **V-st** *(see Special Stitches)* in each of next 4 sts, *sc in next ch sp, ch 5, sc in next ch sp**, V-st in each of next 5 sts, rep from * around, ending last rep at **, join with sl st in 3rd ch of beg ch-6.
Rnd 19: Sl st in next ch sp, beg shell in same ch sp, *[sc in next ch sp, shell in next ch sp] twice, sl st in next ch sp**, shell in next ch sp, rep from * around, ending last rep at **, join with sl st in top of beg ch-3. Fasten off.

Top Border

Rnd 1: Working in ends of rows of Band, join with sc in end of first row, sc in same row, 2 sc in each row around, join with sl st in beg sc.

Rnd 2: Ch 1, sc in first st, [sk next st, shell in next st, sk next st, sc in next st] around, ending with sk next st, shell in next st, sk last st, join with sl st in beg sc.

Rnd 3: Sl st in next st, ch 1, sc in next st, ch 5, [sc in center st of next shell, ch 5] around, join with sl st in beg sc.

Rnd 4: Beg shell in first st, *[sc in next ch sp, ch 5] twice, sc in next ch sp**, shell in next sc, rep from * around, ending last rep at **, join with sl st in beg sc.

Rnd 5: Ch 6 *(counts as first dc and ch 3)*, dc in same st, V-st in each of next 4 sts, *sc in next ch sp, ch 5, sc in next ch sp**, V-st in each of next 5 sts, rep from * around, ending last rep at **, join with sl st in 3rd ch of beg ch-6.

Rnd 6: Sl st in next ch sp, beg shell in same ch sp, *[sc in next ch sp, shell in next ch sp] twice, sl st in next ch sp**, shell in next ch sp, rep from * around, ending last rep at **, join with sl st in 3rd ch of beg ch-3. Fasten off.

Beg at seam, weave ribbon through ch sps on Band, Fold ends under and sew in place. ❏❏

Angel Wings

SKILL LEVEL

INTERMEDIATE

FINISHED SIZE
16 inches in diameter

MATERIALS
❏ DMC Traditions crochet cotton size 10:
    400 yds ecru
❏ Size 7/1.65mm steel crochet hook or size needed to obtain gauge

GAUGE
Rnds 1 and 2 = 1¼ inches in diameter

PATTERN NOTES
Center flower is worked last.

Do not count or work into slip stitches unless otherwise stated.

SPECIAL STITCHES
Beginning popcorn (beg pc): Ch 3 *(counts as first dc)*, 4 dc in specified ch sp, drop lp from hook, insert hook in top of beg ch-3 and pull dropped lp through, ch 1.

Popcorn (pc): 5 dc in specified ch sp, drop lp from hook, insert hook in top of first dc of group and pull dropped lp through, ch 1.

INSTRUCTIONS
DOILY
Rnd 1: Ch 4, 23 dc in 4th ch from hook *(first 3 chs count as first dc)*, join with

sl st in 3rd ch of beg ch-3. *(24 dc)*

Rnd 2: Ch 3 *(counts as first dc throughout)*, dc in same st, dc in next st, [2 dc in next st, dc in next st] around, join with sl st in 3rd ch of beg ch-3. *(36 dc)*

Rnd 3: Ch 3, dc in same st, *ch 5, sk next 2 sts, sl st in next st, ch 5, sk next 2 sts**, 2 dc in next st, rep from * around, ending last rep at **, join with sl st in 3rd ch of beg ch-3.

Rnd 4: Ch 3, 2 dc in same st, *ch 5, 3 dc in next st, sl st in next ch sp, ch 5, sl st in next ch sp**, 3 dc in next st, rep from * around, ending last rep at **, join with sl st in 3rd ch of beg ch-3.

Rnd 5: Ch 3, dc in each of next 2 dc, *(5 dc, ch 5, 5 dc) in next ch sp, dc in each of next 3 sts, sl st in next ch sp**, dc in each of next 3 sts, rep from * around, ending last rep at **, join with sl st in 3rd ch of beg ch-3.

Rnd 6: Sl st in each of next 2 sts, ch 3, dc in each of next 5 sts, *7 dc in next ch sp, dc in each of next 6 sts, sk next 4 sts**, dc in each of next 6 sts, rep from * around, ending last rep at **, join with sl st in 3rd ch of beg ch-3.

Rnd 7: *[Sk next 2 sts, 7 dc in next st, sk next 2 sts, sl st in next st] 3 times**, sl st in next st, rep from * around, ending last rep at **, join with sl st in joining sl st of last rnd.

Rnd 8: Sl st in each of next 4 sts, ch 3, dc in same st, *ch 9, sk next 6 sts, sl st in next st**, [ch 9, sk next 6 sts, 2 dc in next st] twice, rep from * around, ending last rep at **, ch 9, sk next 6 sts, 2 dc in next st, ch 9, sk next 6 sts, join with sl st in 3rd ch of beg ch-3.

Rnd 9: Ch 3, dc in next st, *ch 5, sl st in center ch of next ch sp, ch 5, sl st in next sl st**, [ch 5, sl st in center ch of next ch sp, ch 5, dc in each of next 2 dc] twice, rep from * around, ending last rep at **, ch 5, sl st in center ch of next ch sp, ch 5, dc in each of next 2 dc, ch 5, sl st in center ch of next ch sp, ch 5, join with sl st in 3rd ch of beg ch-3.

Rnd 10: Ch 8 *(counts as first dc and ch sp)*, dc in next st, *sl st in next ch sp, [ch 5, sl st in next ch sp] 3 times, dc in next st, ch 5, dc in next st, sl st in next ch sp, ch 5, sl st in next ch sp, dc in next dc, ch 5**, dc in next dc, rep from * around, ending last rep at **, join with sl st in 3rd ch of beg ch-8.

Rnd 11: Sl st in each of next 3 chs, ch 5, sl st in next ch sp, *15 dc in next ch sp, sl st in next ch sp**, [ch 5, sl st in next ch sp] 4 times, rep from * around, ending last rep at **, [ch 5, sl st in next ch sp] 3 times, join with sl st in joining sl st of last rnd.

Rnd 12: Sl st in each of next 3 chs, *dc in each of next 2 sts, [ch 2, dc in each of next 2 sts] 6 times, sl st in next ch sp, [ch 5, sl st in next ch sp] 3 times, rep from * around, join with sl st in 3rd sl st.

Rnd 13: Sl st to ch-2 sp, **beg pc** (see Special Stitches), ch 2, **pc** (see Special Stitches) in same ch sp, *(pc, ch 2, pc) in each of next 5 ch sps, sl st in next ch sp, [ch 5, sl st in next ch sp] twice**, (pc, ch 2, pc) in next ch sp, rep from * around, ending last rep at **, join with sl st in top of beg pc.

Rnd 14: Sl st in next ch sp, ch 3, 5 dc in same ch sp, 6 dc in each of next 2 ch sps, *ch 5, 6 dc in each of next 3 ch sps, sl st in next ch sp, ch 5, sl st in next ch sp**, 6 dc in each of next 3 ch sps, rep from * around, ending last rep at **, join with sl st in 3rd ch of beg ch-3.

Rnd 15: Sl st in each of next 2 sts, ch 3, dc in each of next 13 sts, *ch 5, sk next 2 sts, sl st in next ch sp, ch 5, sk next 2 sts**, dc in each of next 14 sts, rep from * around, ending last rep at **, join with sl st in 3rd ch of beg ch-3.

Rnd 16: Sl st in each of next 2 sts, ch 3, dc in each of next 9 sts, *ch 5, sk next 2 sts, sl st in next ch sp, ch 5, sl st in next ch sp, ch 5, sk next 2 sts**, dc in each of next 10 sts, rep from * around, ending last rep at **, join with sl st in 3rd ch of beg ch-3.

Rnd 17: Sl st in each of next 2 sts, ch 3, dc in each of next 5 sts, *[ch 5, sl st in next ch sp] 3 times, ch 5, sk next 2 sts**, dc in each of next 6 sts, rep from * around, ending last rep at **, join with sl st in 3rd ch of beg ch-3.

Rnd 18: Sl st in each of next 2 sts, ch 3, dc in next st, *[ch 5, sl st in next ch sp] 4 times, ch 5, sk next 2 sts**, dc in each of next 2 sts, rep from * around, ending last rep at **, join with sl st in 3rd ch of beg ch-3.

Rnd 19: Ch 8, dc in same st, *ch 5, (dc, ch 5, dc) in next st, [sl st in next ch sp, (2 dc, ch 5, 2 dc, ch 5, 2 dc) in next ch sp] twice, sl st in next ch sp**, (dc, ch 5, dc) in next st, join with sl st in 3rd ch of beg ch-8.

Rnd 20: *[Ch 6, sl st in next st] 3 times, sl st in each of next 2 dc, ch 6, sl st in each of next 2 sts, ch 6, sl st in each of next 4 sts, [ch 6, sl st in each of next 2 sts] twice**, sl st in next st, rep from * around, ending last rep at **, join with sl st in base of beg ch-6. Fasten off.

Flower

Rnd 1: With RS facing, working in sk sts on rnd 2, join with sl st in first dc of any group, beg pc in same st, ch 3, pc in next dc, [pc in next st, ch 3, pc in next st] around, join with sl st in top of beg pc.

Rnd 2: Sl st in next ch sp, 8 sc in same ch sp and in each ch sp around, join with sl st in beg sc. Fasten off.

Lacets & Lace

SKILL LEVEL

INTERMEDIATE

FINISHED SIZE
7 inches wide x 20½ inches folded

MATERIALS
- DMC Cebelia crochet cotton size 10:
    284 yds blanc
- Size 7/1.65mm steel crochet hook or size needed to obtain gauge
- Tapestry needle
- Sewing needle
- Sewing thread to match ribbon
- 2 (42-inch) pieces ⅝-inch-wide double-back satin ribbon

GAUGE
Row 1 = 3¼ inches across; 3 rows = 1 inch

PATTERN NOTE
Do not count or work into slip stitches unless otherwise stated.

INSTRUCTIONS
Band
Row 1: Ch 27, dc in 4th ch from hook *(first 3 chs count as first dc)*, dc in each of next 3 chs, [ch 3, sk next 2 chs, sl st in next ch, ch 3, sk next 2 chs, dc in each of next 5 chs] twice, turn.

Row 2: Ch 3 *(counts as first dc throughout)*, dc in each of next 4 dc, [ch 5, sk next 2 ch sps, dc in each of next 5 sts] twice, turn.

Row 3: Ch 3, dc in each of next 4 sts, [ch 3, sl st in center ch of next ch sp, ch 3, dc in each of next 5 sts] twice, turn.

Rows 4–119: Rep rows 2 and 3 alternately.

Row 120: Ch 3, dc in each of next 4

dc, [ch 5, sk next 2 ch sps, dc in each of next 5 sts] twice. Fasten off.
Sew row 1 and row 120 tog forming a circle.

Bottom Border
Rnd 1: Working around 1 edge in ends of rows, join with sc in end of first row, sc in same row, 2 sc in end of each row around, join with sl st in beg sc.

Rnd 2: Ch 3, dc in each of next 4 sts, *[ch 5, sk next 2 sts, sl st in next st] 3 times, ch 5, sk next 2 sts**, dc in each of next 5 sts, rep from * around, ending last rep at **, join with sl st in 3rd ch of beg ch-3.

Rnd 3: Ch 3, *dc in next st, (dc, ch 5, dc) in next st, dc in each of next 2 sts, [sl st in next ch sp, ch 5] 3 times, sl st in next ch sp**, dc in next st, rep from * around, ending last rep at **, join with sl st in 3rd ch of beg ch-3.

Rnd 4: Ch 3, dc in each of next 2 sts, *ch 5, sl st in next ch sp, ch 5, dc in each of next 3 sts, sl st in next ch sp, [ch 5, sl st in next ch sp] twice**, dc in each of next 3 sts, rep from * around, ending last rep at **, join with sl st in 3rd ch of beg ch-3.

Rnd 5: Ch 3, dc in each of next 2 sts, *[ch 5, sl st in next ch sp] twice, ch 5, dc in each of next 3 sts, sl st in next ch sp, ch 5, sl st in next ch sp**, dc in each of next 3 sts, rep from * around, ending last rep at **, join with sl st in 3rd ch of beg ch-3.

Rnd 6: Ch 3, dc in each of next 2 dc, *ch 5, sl st in next ch sp, 9 dc in next ch sp, sl st in next ch sp, ch 5, dc in each of next 3 sts, sl st in next ch sp**, dc in each of next 3 sts, rep from * around, ending last rep at **, join with sl st in 3rd ch of beg ch-3.

Rnd 7: Sl st in each of next 2 sts, and in each of next 3 chs, *sk next dc, (2 dc, ch 3, 2 dc) in next dc, sk next 2 dc, (2 tr, ch 5, 2 tr) in next dc, sk next 2 dc, (2 dc, ch 3, 2 dc) in next dc, sl st in next ch sp, ch 5, **dc dec** *(see Stitch Guide)* in next 6 sts, ch 5**, sl st in next ch sp, rep from * around, ending last rep at **, join with sl st in 3rd sl st. Fasten off.

Top Border
Rnd 1: Working around rem edge in ends of rows, join with sc in end of first row, sc in same row, 2 sc in end of each row around, join with sl st in beg sc.

Rnd 2: *Sk next 2 st, (2 dc, ch 3, 2 dc) in next st, sk next 2 sts, (2 tr, ch 5, 2 tr) in next st, sk next 2 sts, (2 dc, ch 3, 2 dc) in next st, sk next 2 sts**, sl st in next st, rep from * around, ending last rep at **, join with sl st in joining sl st of rnd 1. Fasten off.

Beg at seam, weave 1 piece of ribbon through 1 group of ch sps on Band and weave rem ribbon through rem ch sps on Band. Turn ends under and sew in place. ❑❑

Flowers & Fans

SKILL LEVEL

INTERMEDIATE

FINISHED SIZE
8 inches wide x 19½ inches folded

MATERIALS
- Aunt Lydia's Classic crochet cotton size 10:
    500 yds #201 white
- Size 7/1.65mm steel crochet hook or size needed to obtain gauge
- Tapestry needle
- Sewing needle
- Sewing thread to match ribbon
- 5 ribbon flowers
- 43 inches ³⁄₁₆-inch-wide double-faced ribbon

GAUGE
Row 1 = 2 inches across; 4 rows = 1¾ inches

PATTERN NOTES
Do not count or work into slip stitches unless otherwise stated.

When working into chain spaces, work in center chain of chain spaces

SPECIAL STITCHES
Beginning popcorn (beg pc): Ch 3 *(counts as first dc)*, 4 dc in same ch sp or st, drop lp from hook, insert hook in top of beg ch-3, pull dropped lp through.

Popcorn (pc): 5 dc in ch sp or st, drop lp from hook, insert hook in top of first dc of group, pull dropped lp through.

INSTRUCTIONS
PILLOWCASE EDGING
Band
Row 1: Ch 17, dc in 4th ch from hook *(first 3 chs count as first dc)* and in each ch across, turn. *(15 dc)*
Row 2 (RS): Ch 3 *(counts as first dc)*, dc in each of next 4 sts, sk next 2 sts, (**pc**–*see Special Stitches*, ch 3, pc) in

next st, sk next 2 dc, dc in each of last 5 sts, turn.
Row 3: Ch 3, dc in each of next 4 dc, sk next pc, 5 dc in next ch-3 sp, sk next pc, dc in each of last 5 sts, turn.
Rows 4–89: Rep rows 2 and 3 alternately.
Row 90: Ch 3, dc in each of next 4 sts, sk next 2 sts, (pc, ch 3, pc) in next st, sk next 2 sts, dc in each of last 5 sts. Fasten off.
Sew row 1 and row 90 tog forming circle.

Bottom Border
Rnd 1: Working in ends of rows around 1 edge of Band, join with sc in end of first row, sc in same row, 2 sc in end of each row around, join with sl st in beg sc. *(180 sc)*
Rnd 2: Ch 1, sc in first st, ch 5, sk next 2 sc, [sc in next st, ch 5, sk next 2 sc] around, join with sl st in beg sc.
Rnd 3: Sl st in each of next 2 chs, ch 1, sc in next ch, ch 5, [sc in next ch-5 sp *(see Pattern Notes)*, ch 5] around, join with sl st in beg sc.
Rnd 4: Sl st in each of next 2 chs of first ch-5, (sl st, ch 3, 4 dc) in next ch, *[sc in next ch sp, ch 5] 5 times, sc in next ch sp**, 5 dc in next sc, rep from * around, ending last rep at **, join with sl st in 3rd ch of beg ch-3.
Rnd 5: Ch 3, dc in next dc, *(dc, ch 5, dc) in next st, dc in each of next 2 sts, [sc in next ch sp, ch 5] 4 times, sc in next ch sp**, dc in each of next 2 sts, rep from * around, ending last rep at **, join with sl st in 3rd ch of beg ch-3.
Rnd 6: Ch 3, dc in each of next 2 sts, *ch 5, sc in next ch sp, ch 5, dc in each of next 3 sts, [sc in next ch sp, ch 5] 3 times, sc in next ch sp**, dc in each of next 3 sts, rep from * around, ending last rep at **, join with sl st in 3rd ch of beg ch-3.
Rnd 7: Ch 3, dc in each of next 2 sts, *ch 5, sc in next ch sp, 5 dc in next sc, sc in next ch sp, ch 5, dc in each of next 3 sts, [sc in next ch sp, ch 5] twice, sc in next ch sp**, dc in each of next 3 sts, rep from * around, ending last rep at **, join with sl st in 3rd ch of beg ch-3.
Rnd 8: Ch 3, dc in each of next 2 sts, *ch 5, sc in next ch sp, 2 dc in each of next 5 sts, sc in next ch sp, ch 5, dc in each of next 3 sts, sc in next ch sp, ch 5, sc in next ch sp**, dc in each of next 3 sts, rep from * around, ending last rep at **, join with sl st in 3rd ch of beg ch-3.
Rnd 9: Ch 3, dc in each of next 2 sts, *ch 5, sc in next ch sp, [dc in each of next 2 dc, ch 5] 4 times, dc in each of next 2 dc, sc in next ch sp, ch 5, dc in each of next 3 sts, sc in next ch sp**, dc in each of next 3 sts, rep from * around, ending last rep at **, join with sl st in 3rd ch of beg ch 3.
Rnd 10: Sl st in each of next 2 sts and next 2 chs, ch 1, sc in next ch, *[pc in next dc, ch 5, pc in next dc, sc in next ch sp] 5 times, ch 5, dc in each of next 3 sts, sk next sc, dc in each of next 3 sts, ch 5**, sc in next ch sp, rep from * around, ending last rep at **, join with sl st in beg sc.
Rnd 11: Sl st to first ch-5 sp, ch 3, (3 dc, ch 3, 4 dc) in same ch sp, [sc in sp between next 2 pc, (4 dc, ch 3, 4 dc) in next ch-3 sp] 4 times, sc in next ch sp, ch 3, **dc dec** *(see Stitch*

Guide) in next 6 dc, ch 3, sc in next ch sp**, (4 dc, ch 3, 4 dc) in next ch sp, rep from * around, ending last rep at **, join with sl st in 3rd ch of beg ch-3.

Rnd 12: Sl st in each of next 3 sts, sl st in next ch sp, (**beg pc**—*see Special Stitches*, ch 5, **pc**—*see Special Stitches*) in same [ch sp, *ch 7, sk next 4 sts, sl st in next st, ch 7, (pc, ch 5, pc) in next ch sp] 4 times, sk next 2 ch-3 sps**, (pc, ch 5, pc) in next ch sp, rep from * around, ending last rep at **, join with sl st in top of beg pc. Fasten off.

Top Edging
Rnd 1: Working in ends of rows around rem edge of Band, join with sc in end of first row, sc in same row, 2 sc in end of each row around, join with sl st in beg sc. *(180 sc)*
Rnd 2: Ch 1, sc in each of first 3 sts, ch 5, sk next 2 sts [sc in each of next 3 sts, ch 5, sk next 2 sts] around, join with sl st in beg sc.
Rnd 3: [Ch 3, sk next st, sl st in next st, ch 7, sk next ch sp, sl st in next st] around, join with sl st in joining sl st of rnd 2. Fasten off.

Weave ribbon through ch sps between pc on Band as shown in photo. Turn ends under and sew in place.
Sew flowers evenly spaced on 1 side as shown in photo. ❑❑

Exotic Beauty

SKILL LEVEL

INTERMEDIATE

FINISHED SIZE
18 inches in diameter

MATERIALS
❑ DMC Traditions crochet cotton size 10:
   400 yds ecru
❑ Size 7/1.65mm steel crochet hook or size needed to obtain gauge

GAUGE
Rnd 1 = 1 inch in diameter

PATTERN NOTE
Do not count or work into slip stitches unless otherwise stated.

SPECIAL STITCHES
Beginning double treble cluster (beg dtr cl): Holding last lp on hook, ch 4, dtr in same st, 2 dtr in each of next 2 sts, yo, pull through all lps on hook, ch 7, sl st in same st as last dtr.

Beginning treble cluster (beg tr cl): Holding last lp on hook, ch 4, tr in same st, 2 tr in each of next 2 sts, yo, pull through all lps on hook, ch 1.

Double treble cluster (dtr cl): Holding last lp on hook, sl st in next st, ch 7, 2 dtr in same st, 2 dtr in each of next 2 sts, yo, pull through all lps on hook, ch 7, sl st in same st as last dtr.

Treble cluster (tr cl): Holding last lp on hook, 2 tr in each of next 3 sts, yo, pull through all lps on hook, ch 1.

INSTRUCTIONS
DOILY
Rnd 1: Ch 4, 15 dc in 4th ch from hook *(first 3 chs count as first dc)*, join with sl st in 4th ch of beg ch-4. *(16 dc)*
Rnd 2: Beg dtr cl *(see Special Stitches)*, **dtr cl** *(see Special Stitches)* around, ch 7, join with sl st in top of beg dtr cl. *(8 petals)*
Rnd 3: *[Ch 4, 3 dc in 4th ch from] 3 times**, sl st in top of next st, rep from * around, ending last rep at **, join with sl st in base of beg ch-4.
Rnd 4: Sl st in each of next 3 chs, ch 5, [sl st in top of next ch-4, ch 5] around, join with sl st in base of beg ch-5.
Rnd 5: Sl st in first ch sp, ch 3 *(counts as first dc)*, 12 dc in same ch sp, *sl st in next ch sp, [ch 7, sl st in next ch sp] twice**, 13 dc in next ch sp, rep from * around, ending last rep at **, join with sl st in 3rd ch of beg ch-3.
Rnd 6: Ch 3, dc in same st, *[ch 1, 2 dc in next st] 12 times, sl st in next ch sp, ch 7, sl st in next ch sp**, 2 dc in next dc, rep from * around, ending last rep at **, join with sl st in 3rd ch of beg ch-3.
Rnd 7: Ch 3, dc in next st, *[ch 1, dc in each of next 2 sts] 5 times, ch 1, 2 dc in next st, ch 5, 2 dc in next st, [ch 1, dc in each of next 2 sts] 6 times, sl st in next ch sp**, dc in each of next 2 dc, rep from * around, ending last rep at **, join with sl st in 3rd ch of beg ch-3.
Rnd 8: Sl st in next st and ch sp, ch 3, dc in same ch sp, *[ch 1, 2 dc in next ch sp] 5 times, ch 5, sl st in next ch sp, ch 5, 2 dc in next ch sp, [ch 1, 2 dc in next ch sp] 5 times, sl st in next ch sp, ch 5, 2 dc in next ch sp, [ch 1, 2 dc in next ch sp] 5 times, sk next 4 sts**, 2 dc in next ch sp, rep from * around, ending last rep at **, join with sl st in 3rd ch of beg ch-3.
Rnd 9: Sl st in next ch sp, ch 3, dc in same sp,*[ch 1, 2 dc in next ch sp] 4 times, [ch 5, sl st in next ch sp] twice, ch 5, 2 dc in next ch sp,

[ch 1, 2 dc in next ch sp] 4 times, sk next 4 sts**, 2 dc in next ch sp, rep from * around, join with sl st in 3rd ch of beg ch-3.

Rnd 10: Sl st in next ch sp, ch 3, dc in same ch sp, *[ch 1, 2 dc in next ch sp] 3 times, [ch 5, sl st in next ch sp] 3 times, ch 5, 2 dc in next ch sp, [ch 1, 2 dc in next ch sp] 3 times, sk next 4 sts**, 2 dc in next ch sp, rep from * around, ending last rep at **, join with sl st in 3rd ch of beg ch-3.

Rnd 11: Sl st in next ch sp, ch 3, dc in same ch sp, *[ch 1, 2 dc in next ch sp] twice, [ch 5, sl st in next ch sp] 4 times, ch 5, 2 dc in next ch sp, [ch 1, 2 dc in next ch sp] twice, sk next 5 dc**, 2 dc in next ch sp, rep from * around, ending last rep at **, join with sl st in 3rd ch of beg ch-3.

Rnd 12: Sl st in next ch sp, ch 3, dc in same ch sp, *ch 1, 2 dc in next ch sp, [ch 5, sl st in next ch sp] twice, 12 dc in next ch sp, sl st in next ch sp, ch 5, sl st in next ch sp, ch 5, 2 dc in next ch sp, ch 1, 2 dc in next ch sp, sk next 4 sts**, 2 dc in next ch sp, rep from * around, ending last rep at **, join with sl st in 3rd ch of beg ch-3.

Rnd 13: Sl st in next ch sp, ch 3, dc in same ch sp, *[ch 5, sl st in next ch sp] twice, 2 dc in each of next 12 sts, sl st in next ch sp, ch 5, sl st in next ch sp, ch 5, 2 dc in next ch sp, ch 1, sk next 5 sts**, 2 dc in next ch sp, rep from * around, ending last rep at **, join with sl st in 3rd ch of beg ch-3.

Rnd 14: Sl st in next st, ch 5, sl st in next ch sp, *dc in each of next 3 sts, [ch 2, dc in each of next 3 sts] 7 times, sl st in next ch sp, ch 5, sl st in next ch sp, ch 5, sk next 2 dc, 2 dc in next ch sp**, [ch 5, sl st in next ch sp] twice, rep from * around, ending last rep at **, ch 5, join with sl st in first sl st.

Rnd 15: Sl st in each of next 3 chs, **beg tr cl** *(see Special Stitches)*, *[ch 5, sl st in next ch sp, ch 5, **tr cl** *(see Special Stitches)*] 7 times, sl st in next ch sp, ch 5, sl st in next ch sp**, tr cl, rep from * around, ending last rep at **, join with sl st in beg sl st.

Rnd 16: *[Ch 9, sl st in top of next tr cl] 7 times, 7 sc in each of next 3 ch sps**, sl st in top of next tr cl, rep from * around, ending last rep at **, join with sl st in base of beg ch-9.

Rnd 17: Sl st in each of next 5 chs, *[ch 5, tr in same ch, sk next 4 chs, sl st in next sl st, ch 5, tr in same st, sk next 4 chs, sl st in next ch] 6 times, [ch 5, tr in same st, sl st in 4th sc of next sc group] twice, (sl st, ch 6, tr, ch 6, sl st) in same st, ch 5, tr in same st, sl st in 4th sc of next 7 sc group, ch 5, tr in same st**, sl st in 5th ch of next ch-9 sp, rep from * around, ending last rep at **, join with sl st in base of beg ch-5. Fasten off. ❏❏

Lotus Blossoms

SKILL LEVEL
INTERMEDIATE

FINISHED SIZE
23 inches in diameter

MATERIALS
- Aunt Lydia's fine crochet thread size 20:
    400 yds ecru
- Size 10/1.15mm steel crochet hook or size needed to obtain gauge

GAUGE
Rnds 1–3 = 1½ inches

PATTERN NOTE
Do not count or work into slip stitches unless otherwise stated.

SPECIAL STITCH
Treble crochet cluster (tr cl): Holding last lp on hook, 4 tr in specified ch sp, yo, pull through all lps on hook, ch 1.

INSTRUCTIONS
DOILY

Rnd 1: Ch 23, dc in 4th ch from hook *(first 3 chs count as first dc)*, join with sl st in 3rd ch of beg ch-3. *(24 dc)*

Rnd 2: [Ch 5, sk next 2 sts, sl st in next st] around ending with last sl st in joining sl st of rnd 1. *(8 ch sps)*

Rnd 3: Sl st in next ch sp, ch 3 *(counts as dc throughout)*, 5 dc in same ch sp, 6 dc in each ch sp around, join with sl st in 3rd ch of beg ch-3. *(48 dc)*

Rnd 4: [Ch 5, sk next 2 sts, sl st in next st] around ending with last sl st in joining sl st of rnd 1. *(16 ch sps)*

Rnd 5: Sl st in next ch sp, ch 3, 5 dc in same ch sp, 6 dc in each ch sp around, join with sl st in 3rd ch of beg ch-3. *(96 dc)*

Rnd 6: Ch 1, sc in first st, ch 5, sk next 3 sts, [sc in next st, ch 5, sk next 3 sts] around, join with sl st in beg sc. *(24 ch sps)*

Rnd 7: Ch 3, 4 dc in same st, *sc in next ch sp, ch 5, sl st in next ch sp**, 5 dc in next st, rep from * around, ending last rep at **, join with sl st in 3rd ch of beg ch-3.

Rnd 8: Ch 3, dc in next st, * (dc, ch 5, dc) in next st, dc in each of next 2 sts, sl st in next ch sp, **tr cl** *(see Special Stitch)* in next st, [ch 3, tr cl in next st] 4 times, sl st in next ch sp**, dc in each of next 2 sts, rep from * around, ending last rep at **, join with sl st in 3rd ch of beg ch-3.

Rnd 9: Ch 3, dc in each of next 2 sts, *ch 5, sl st in next ch sp, ch 5, dc in each of 3 sts, [ch 5, sl st in next ch-3 sp] 4 times, ch 5**, dc in each of next 3 sts, rep from * around, ending last rep at **, join with sl st in 3rd ch of beg ch-3.

Rnd 10: Ch 3, dc in each of next 2 sts, *[ch 5, sl st in next ch sp] twice, ch 5, dc in each of next 3 sts, sl st in next ch sp, [ch 5, sl st in next ch sp] 4 times**, dc in each of next 3 sts, rep from * around, ending last rep at **, join with sl st in 3rd ch of beg ch-3.

Rnd 11: Ch 3, dc in each of next 2 sts, *[ch 5, sl st in next ch sp] 3 times, ch 5, dc in each of next 3 sts, sc in next ch sp, [ch 5, sl st in next ch sp] 3 times**, dc in each of next 3 sts, rep from * around, join with sl st in 3rd ch of beg ch-3.

Rnd 12: Ch 3, dc in each of next 2 sts, *[ch 5, sl st in next ch sp] twice, 5 dc in next sc, [sl st in next ch sp, ch 5] twice, dc in each of next 3 sts, sl st in next ch sp, [ch 5, sl st in next ch sp] twice, ch 5**, dc in each of next 3 dc, rep from * around, ending last rep at **, join with sl st in 3rd ch of beg ch-3.

Rnd 13: Ch 3, dc in each of next 2 sts, *[ch 5, sl st in next ch sp] twice, tr cl in next dc, [ch 3, tr cl in next dc] 4 times, [sl st in next ch sp, ch 5] twice, dc in each of next 3 sts, sl st in next ch sp, ch 5, sl st in next ch sp**, dc in each of next 3 sts, rep from * around, ending last rep at **, join with sl st in 3rd ch of beg ch-3.

Rnd 14: Ch 3, dc in each of next 2 sts, *[ch 5, sl st in next ch sp] 8 times, ch 5, dc in each of next 3 sts, sl st in next ch sp**, dc in each of next 3 sts, rep from * around, ending last rep at **, join with sl st in 3rd ch of beg ch-3.

Rnd 15: Ch 3, dc in each of next 2 dc, *sl st in next ch sp, [ch 5, sl st in next ch sp] 8 times, dc in each of next 3 sts, ch 5**, dc in each of next 3 sts, rep from * around, ending last rep at **, join with sl st in 3rd ch of beg ch-3.

Rnd 16: Ch 3, dc in each of next 2 sts, *sl st in next ch sp, [ch 5, sl st in next ch sp, 5 dc in next st, sl st in next ch sp] 3 times, ch 5, sl st in next ch sp, dc in each of next 3 sts, ch 5, sl st in next ch sp, ch 5**, dc in each of next 3 sts, rep from * around, ending last rep at **, join with sl st in 3rd ch of beg ch-3.

Rnd 17: Ch 3, dc in each of next 2 sts, sl st in next ch sp, tr cl in next dc, [ch 3, tr cl in next dc] 4 times, sl st in next ch sp, dc in each of next 2 sts, (dc, ch 5, dc) in next st, dc in each of next 2 sts, sl st in next ch sp, tr cl in next dc, [ch 3, tr cl in next st] 4 times, sl st in next ch sp, dc in each of next 3 sts, [ch 5, sl st in next ch sp] twice, ch 5**, dc in each of next 3 sts, join with sl st in 3rd ch of beg ch-3.

Rnd 18: Ch 3, dc in each of next 2 sts, *[ch 5, sl st in next ch sp] 4 times, ch 5, dc in each of next 3 dc, ch 5, sl st in next ch sp, ch 5, dc in each of next 3 sts, [ch 5, sl st in next ch sp] 4 times, ch 5, dc in each of next 3 sts, [ch 5, sl st in next ch sp] 3 times, ch 5**, dc in each of next 3 sts, rep from * around, ending last rep at **, join with sl st in 3rd ch of beg ch-3.

Rnd 19: Ch 3, dc in each of next 2 sts, *sl st in next ch sp, [ch 5, sl st in next ch sp] 4 times, dc in each of next 3 dc, [ch 5, sl st in next ch sp] twice, ch 5, dc in each of next 3 dc, sl st in next ch sp, [ch 5, sl st in next ch sp] 4 times, dc in each of next 3 dc, [ch 5, sl st in next ch sp] 4 times, ch 5**, dc in each of next 3 dc, rep from * around, ending last rep at **, join with sl st in 3rd ch of beg ch-3.

Rnd 20: Ch 3, dc in each of next 2 dc, *sl st in next ch sp, [ch 5, sl st in next ch sp] 3 times, dc in each of next 3 dc, [ch 5, sl st in next ch sp] 3 times, ch 5, dc in each of next 3 dc, sl st in next ch sp, [ch 5, sl st in next ch sp] 3 times, dc in each of next 3 sts, [ch 5, sl st in next ch sp] 5 times, ch 5**, dc in each of next 3 sts, rep from * around, ending last rep at **, join with sl st in 3rd ch of beg ch-3.

Rnd 21: Ch 3, dc in each of next 2 dc, sl st in next ch sp, [ch 5, sl st in next ch sp] twice, dc in each of next 3 sts, [ch 5, sl st in next ch sp] twice, 5 dc in next sl st, sl st in next ch sp, ch 5, sl st in next ch sp, ch 5, dc in each of next 3 dc, sl st in next ch sp, [ch 5, sl st in next ch sp] twice, dc in each of next 3 dc, [ch 5, sl st in next ch sp] 6 times, ch 5**, dc in each of next 3 sts, rep from * around, ending last rep at **, join with sl st in 3rd ch of beg ch-3.

Rnd 22: Ch 3, dc in each of next 2 dc, *sl st in next ch sp, ch 5, sl st in next ch sp, dc in each of next 3 dc, [ch 5, sl st in next ch sp] twice, tr cl in next dc, [ch 3, tr cl in next dc] 4 times, [sl st in next ch sp, ch 5] twice, dc in each of next 3 dc, sl st in next ch sp, ch 5, sl st in next ch sp, dc in each of next 3 dc, [ch 5, sl st in next ch sp] 7 times, ch 5**, dc in each of next 3 dc, join with sl st in 3rd ch of beg ch-3.

Rnd 23: Ch 3, dc in each of next 2 dc, *sl st in next ch sp, dc in each of next 3 dc, [ch 5, sl st in next ch sp] 8 times, dc in each of next 3 dc, ch 5, sl st in next ch sp, dc in each of next 3 dc, ch 5, sl st in next ch sp, ◊5 dc in next sl st, sl st in next ch sp◊◊, [ch 5, sl st in next ch sp] twice, rep from ◊ twice, ending last rep at ◊◊, ch 5**, dc in each of next 3 dc, rep from * around, ending last rep at **, join with sl st in 3rd ch of beg ch-3.

Rnd 24: Ch 3, dc in each of next 5 sts, *[ch 5, sl st in next ch sp] 9 times, ch 5, dc in each of next 6 st, ◊ch 5, sl st in next ch sp, tr cl in next st, [ch 3, tr cl in next st] 4 times, sl st in next ch sp◊, ch 5, sl st in next ch sp, dc in each of next 2 dc, (dc, ch 5, dc) in next dc, dc in each of next 2 dc, sl st in next ch sp, rep between ◊, ch 5**, dc in each of next 6 dc, rep from * around, ending last rep at **, join with sl st in 3rd ch of beg ch-3.

Rnd 25: Ch 3, dc in each of next 2 dc, *ch 5, dc in each of next 3 dc, sl st in next ch sp, [ch 5, sl st in next ch sp] 4 times, 5 dc in next sl st in next ch sp, [ch 5, sl st in next ch sp] 4 times, dc in each of next 3 dc, ch 5, dc in each of next 3 dc, sl st in next ch sp, [ch 5, sl st in next ch sp] 5 times, dc in each of next 3 dc, ch 5, sk next ch sp, dc in each of next 3 dc, sl st in next ch sp, [ch 5, sl st in next ch sp] 5 times**, dc in each of next 3 dc, rep from * around, ending last rep at **, join with sl st in 3rd ch of beg ch-3.

Rnd 26; Ch 3, dc in each of next 2 dc, *ch 5, sk next ch sp, dc in each of next 3 dc, sl st in next ch sp, [ch 5, sl st in next ch sp] 3 times, dc in each of next 2 dc, (dc, ch 5, dc) in next dc, dc in each of next 2 dc, sl st in next ch sp, [ch 5, sl st in next ch sp] 3 times, dc in each of next 3 dc, ch 5, sk next ch sp, dc in each of next 3 dc, ch 5, working over ch sp on last rnd, sl st in next ch sp on rnd before last, ch 5, dc in each of next 3 dc, sl st in next ch sp, [ch 5, sl st in next ch sp] 4 times**, dc in each of next 3 sts, rep from * around, ending last rep at **, join with sl st in 3rd ch of beg ch-3.

Rnd 27: Ch 3, dc in each of next 2 sts, *ch 5, working over ch sp on last rnd, sl st in ch sp on rnd before last, ch 5, dc in each of next 3 dc, sl st in next ch sp, [ch 5, sl st in next ch sp] twice, dc in each of next 3 dc, ch 5, sk next ch sp, dc in each of next 3 dc, sl st in next ch sp, [ch 5, sl st in next ch sp] twice, dc in each of next 3 dc, ch 5, working over ch sp of last rnd, sl st in ch sp on rnd before last, ch 5, dc in each of next 3 dc, sl st in next ch sp, [ch 5, sl st in next ch sp] 3 times, dc in each of next 3 dc, [ch 5, sl st in next ch sp] twice, ch 5, dc in each of next 3 dc, [ch 5, sl st in next ch sp] 3 times, ch 5**, dc in each of next 3 dc, rep from * around, ending last rep at **, join with sl st in 3rd ch of beg ch-3.

Rnd 28: Ch 3, dc in each of next 2 dc, *ch 5, working over ch sp of last rnd, sl st in ch sp on rnd before last, ch 5, dc in each of next 3 dc, sl st in next ch sp, [ch 5, sl st in next ch sp] twice, dc in each of next 3 dc, ch 5, sk next ch sp, dc in each of next 3 dc, [ch 5, sl st in next ch sp] twice, dc in each of next 3 dc, ch 5, working over ch sp on last rnd, sl st in ch sp on rnd before last, ch 5, dc in each of next 3 dc, sl st in next ch sp, [ch 5, sl st in next ch sp] 3 times, dc in each of next 3 dc, [ch 5, sl st in next ch sp] twice, ch 5, dc in each of next 3 sts**, rep from * around, ending last rep at **, join with sl st in 3rd ch of beg ch-3.

Rnd 29: Ch 3, dc in each of next 2 dc, *[ch 5, sl st in next ch sp] twice, ch 5, dc in each of next 3 dc, sl st in next ch sp, ch 5, sl st in next ch sp, dc in each of next 3 sts, ch 5, working over next ch sp, sl st in ch sp on rnd before last, ch 5, dc in each of next 3 dc, sl st in next ch sp, ch 5, sl st in next ch sp, dc in each of next 3 dc, [ch 5, sl st in next ch sp] twice, ch 5, dc in each of next 3 dc, sl st in next ch sp, [ch 5, sl st in next ch sp] twice, dc in each of next 3 dc, ch 5, sl st in next ch sp, ch 5, sk next ch sp, sl st in next ch sp, ch 5, dc in each of next 3 sts, sl st in next ch sp, [ch 5, sl st in next ch sp] twice**, dc in each of next 3 sts, rep from * around, ending last rep at **, join with sl st in 3rd ch of beg ch-3.

Rnd 30: Ch 3, dc in each of next 2 dc, *ch 5, sl st in next ch sp, ch 5, sk next ch sp, sl st in next ch sp, ch 5, dc in each of next 6 sts, [ch 5, sl st in next ch sp] 3 times, ch 5, dc in each of next 6 dc, ch 5, sl st in next ch sp, ch 5, sk next ch sp, sl st in next ch sp, ch 5, dc in each of next 3 dc, sl st in next ch sp, dc in each of next 3 dc, ch 5, sl st in next ch sp, ch 5, sk next ch sp, sl st in next ch sp, ch 5, dc in each of next 3 dc, sl st in next ch sp**, 3 dc in next ch sp, rep from * around, ending last rep at **, join with sl st in 3rd ch of beg ch 3.

Rnd 31: Sl st to 3rd ch of next ch sp, *ch 9, sk next ch sp, sl st in next ch sp, ch 5, **dc dec** (see Stitch Guide) in next 6 sts, [ch 5, sl st in next ch sp] 4 times, ch 5, dc dec in next 6 sts, ch 5, sl st in next ch sp, ch 9, sk next ch sp, sl st in next ch sp, ch 5, dc dec in next 6 sts, ch 5, sl st in next ch sp, ch 9, sk next ch sp, sl st in next ch sp, ch 5, dc dec in next 6 sts, ch 5, sl st in next ch sp, rep from * around, join with sl st in base of beg ch-9.

Rnd 32: *Ch 5, (dc, ch 5, dc) in 5th ch of next ch-9 sp, ch 5, sl st in next sl st, ch 5, sl st in dc dec, ch 5, sk next ch sp, (dc , ch 5, dc) in next sl st**, sl st in next ch sp] 4 times, ending last rep at **, ch 5, sl st in dc dec, [ch 5, sk next ch sp, sl st in next sl st , ch 5, (dc, ch 5, dc) in 5th ch of next ch sp, ch 5, sl st in next sl st, ch 5, sl st in dc dec] twice, ch 5, sk next ch sp, sl st in next sl st, rep from * around, join with sl st in first ch of beg ch-5. Fasten off.

Whirlwind

SKILL LEVEL

EXPERIENCED

FINISHED SIZE
18 inches in diameter

MATERIALS
- DMC Traditions crochet cotton size 10:
    400 yds white
- Size 7/1.65mm steel crochet hook or size needed to obtain gauge

GAUGE
Rnd 1 = 3¾ in diameter

PATTERN NOTES
Center of Doily is worked last.

Do not count or work into slip stitches unless otherwise stated.

SPECIAL STITCHES
Treble crochet popcorn (tr pc): 7 tr in specified st or ch sp, drop lp from hook, insert hook in first tr of group, pull dropped lp through, ch 1.

Double crochet popcorn (dc pc): 5 dc in specified ch sp or st, drop lp from hook, insert hook in top of first dc of group, pull dropped lp through, ch 1.

INSTRUCTIONS
DOILY
Rnd 1 (RS): [Ch 5, 7 dc in 5th ch from hook] 12 times.

Rnd 2: Ch 5, sl st in same ch as last dc, ch 5, [sl st in base of next dc group, ch 5] around, join with sl st in base of beg ch-5, **turn.**

Rnd 3: Sl st to 3rd ch of ch-5, **turn**, ch 7, [sl st in top of first dc of next group, ch 7] around, join with sl st in base of beg ch-7.

Rnd 4: Ch 1, 12 hdc in each ch sp around, join with sl st in 3rd ch of first hdc.

Rnd 5: Ch 3 (counts as first dc), dc in each of next 11 sts, *ch 5, sk next 5 sts, sl st in each of next 2 sts, ch 5, sk next 5 sts**, dc in each of next 12 sts, rep from * around, ending last rep at **, join with sl st in 3rd ch of beg ch-3.

Rnd 6: Ch 3, dc in each of next 4 sts, *sk next 2 sts, dc in each of next 5 sts, ch 3, sl st in next ch sp, ch 5, sl st in next ch sp, ch 3**, dc in each of next 5 sts, rep from * around, ending last rep at **, join with sl st in 3rd ch of beg ch-3.

Rnd 7: Ch 3, dc in each of next 3 sts, *sk next 2 sts, dc in each of next 4 dc, ch 5, sk next ch sp, 15 hdc in next ch-5 sp, ch 5, sk next ch sp**, dc in each of next 4 sts, rep from * around, ending last rep at **, join with sl st in 3rd ch of beg ch-3.

Rnd 8: Ch 3, dc in each of next 2 sts, *sk next 2 sts, dc in each of next 3 sts, ch 5, sl st in next ch sp, dc in each of next 7 hdc, (dc, ch 5, dc) in next hdc, dc in each of next 7 hdc, sl st in next ch sp, ch 5**, dc in each of next 3 sts, rep from * around, ending last rep at **, join with sl st in 3rd ch of beg ch-3.

Rnd 9: Ch 3, dc in next st, *sk next 2 sts, dc in each of next 2 sts, ch 5, sl st in next ch sp, dc in each of next 3 sts, sk next 2 sts, dc in each of next 3 sts, ch 5, sl st in next ch sp, ch 5, dc in each of next 3 sts, sk next 2 sts, dc in each of next 3 sts, sl st in next ch sp, ch 5**, dc in each of next 2 sts, rep from * around, ending last rep at **, join with sl st in 3rd ch of beg ch-3.

Rnd 10: Ch 3, *sk next 2 sts, dc in next st, ch 5, sl st in next ch sp, dc in each of next 2 sts, sk next 2 sts, dc in each of next 2 sts, ch 5, [sl st in next ch sp, ch 5] twice, dc in each of next 2 sts, sk next 2 sts, dc in each of next 2 sts, sl st in next ch sp, ch 5**, rep from * around, ending last rep at **, join with sl st in 3rd ch of beg ch-3.

Rnd 11: Sl st to center of next ch sp,

*ch 5, dc in next dc, sk next 2 sts, dc in next dc, ch 5, [sl st in next ch sp, ch 5] 3 times, dc in next dc, sk next 2 sts, dc in next dc**, [ch 5, sl st in next ch sp] twice, rep from * around, ending last rep at **, ch 5, sl st in next ch sp, ch 5, join with sl st in beg sl st.

Rnd 12: Sl st to center of next ch sp, ch 5, [sl st in next ch sp, ch 5] around, join with sl st in beg sl st.

Rnd 13: Ch 1, 6 hdc in each ch sp around, join with sl st in top of beg hdc.

Rnd 14: Ch 5, sk next 3 sts, [sl st in next st, ch 5, sk next 3 sts] around, join with sl st in base of beg ch-5.

Rnd 15: [Sl st in next ch sp, ch 7, **tr pc** *(see Special Stitches)* in same ch sp] around, join with sl st in beg sl st.

Rnd 16: Sl st to center of ch sp, ch 5, [sl st in center of next ch sp, ch 5] around, join with sl st in beg sl st.

Rnd 17: [Sl st in next ch sp, ch 7, tr pc in same ch sp] around, join with sl st in beg sl st.

Rnd 18: Sl st to center of ch sp, ch 5, [sl st in center of next ch sp, ch 5] around, join with sl st in beg sl st.

Rnds 19 & 20: Rep rnds 17 and 18.

Rnd 21: [Sl st in next ch sp, ch 5, 7 dc in same ch sp] around, join with sl st in beg sl st.

Rnd 22: Sl st to center of ch sp, ch 3, 6 dc in same ch sp, *sk next 3 dc, sl st in next dc**, 7 dc in next ch sp, rep from * around, join with sl st in top of beg ch-3. Fasten off.

Center

Rnd 1: With RS facing, working in ch sps at center of rnd 1, join with sl st in any ch sp, *ch 5, **dc pc** *(see Special Stitches)* in same ch sp**, sl st in next ch sp, rep from * around, ending last rep at **, join with sl st in beg sl st.

Rnd 2: Sc in next ch sp, *ch 6, tr in 6th ch from hook, sc in same ch sp, 2 sc in next ch sp**, sc in next ch sp, rep from * around, ending last rep at **, join with sl st in beg sc. Fasten off. ❏❏

Sweethearts

SKILL LEVEL

INTERMEDIATE

FINISHED SIZE
14 inches in diameter

MATERIALS
- DMC Traditions crochet cotton size 10:
  400 yds ecru
- Size 7/1.65mm steel hook or size needed to obtain gauge

GAUGE
Rnd 1 = 3 inches in diameter

PATTERN NOTE
Do not count or work into slip stitches unless otherwise stated.

SPECIAL STITCHES
Beginning split cluster (beg split cl): Ch 2, holding last lps on hook, dc in next dc, sk next 2 sts, dc in next 2 dc, yo, pull through all lps on hook.

Split cluster (split cl): Holding last lps on hook, dc in next 2 dc, sk next 2 dc, dc in next 2 dc, yo, pull through all lps on hook.

INSTRUCTIONS
DOILY
Rnd 1: [Ch 7, 7 dc in 7th ch from hook] 8 times, sl st in base of beg ch-7, sl st in 3rd ch of same lp.

Rnd 2: [Ch 9, sk next 7 dc, sl st in next ch-7 sp] around, join with sl st in base of beg ch-9.

Rnd 3: 15 hdc in each ch-9 sp around, join with sl st in top of beg hdc.

Rnd 4: Sl st in each of next 2 sts, [ch 5, sk next 3 sts, (dc, ch 5, dc) in next st, ch 5, sk next 3 sts, sl st in next st, ch 5, sk next 6 sts, sl st in next st] around, join with sl st in base of beg ch-5.

Rnd 5: Sl st in each of next 3 chs, [17 dc in next ch sp, sl st in next ch sp, ch 5, sk next ch sp**, sl st in next ch sp] around, join with sl st in top of beg dc.

Rnd 6: Ch 3 (counts as first dc), dc in each of next 7 sts, *(dc, ch 5, dc) in next st, dc in each of next 8 sts, sl st in next ch sp, dc in each of next 8 sts, rep from * around, join with sl st in 3rd ch of beg ch-3. Fasten off.

Rnd 7: Sk ch sp, join with sl st in next dc, ch 3, dc in each of next 7 sts, [sk next dc, dc in each of next 8 dc, ch 5, sl st in next ch sp, ch 5, dc in each of next 8 dc] around, join with sl st in 3rd ch of beg ch-3.

Rnd 8: Ch 3, dc in each of next 6 dc, [sk next 2 sts, dc in each of next 7 sts, ch 5, sl st in next ch sp, 9 dc in next sl st, sl st in next ch sp, ch 5, dc in each of next 7 sts] around, join with sl st in 3rd ch of beg ch-3.

Rnd 9: Ch 3, dc in each of next 5 sts, [sk next 2 dc, dc in each of next 6 sts sl st in next ch sp, 3 dc in next st, dc in each of next 7 sts, 3 dc in next st, sl st in next ch sp, ch 5, dc in each of next 6 sts] around, join with sl st in 3rd ch of beg ch-3.

Rnd 10: Ch 3, dc in each of next 4 dc, [sk next 2 dc, dc in each of next 5 dc, ch 5, sl st in next ch sp, dc in each of next 13 dc, sl st in next ch sp, ch 5, dc in each of next 5 dc] around, join with sl st in 3rd ch of beg ch-3.

Rnd 11: Ch 3, dc in each of next 3 dc, [sk next 2 dc, dc in each of next 4 dc, ch 5, sl st in next ch sp, dc in each of next 6 dc, (dc, ch 5, dc) in next dc, dc in each of next 6 dc, sl st in next ch sp, ch 5, dc in each of next 4 dc] around, join with sl st in 3rd ch of beg ch-3.

Rnd 12: Ch 3, dc in each of next 2 dc, [sk next 2 dc, dc in each of next 3 dc, ch 5, sk next ch sp, sl st in next dc, sk next 2 dc, 9 tr in next st, 2 dc in next dc, sk next 2 dc, sl st in next dc, 7 sc in next ch sp, sl st in next dc, sk next 2 dc, 2 dc in next dc, 9 tr in next dc, sk next 2 dc, sl st in next dc, ch 5, sk next ch sp, dc in each of next 3 dc] around, join with sl st in 3rd ch of beg ch-3.

Rnd 13: Beg split cl (see Special Stitches), *ch 5, sk next ch sp, hdc in next tr, [ch 1, hdc in next tr] 6 times, [ch 1, sc in next st] 4 times, sl st in each of next 7 sc, sc in next dc, [ch 1, sc in next st] 3 times, [ch 1, hdc in next tr] 7 times, ch 5, **split cl** (see Special Stitches), rep from * around, join with sl st in 3rd ch of beg split cl. Fasten off. ❏❏

Popcorns & Pineapples

SKILL LEVEL
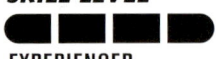
EXPERIENCED

FINISHED SIZE
24 inches in diameter

MATERIALS
- Lily crochet cotton size 10: 600 yds ecru
- Size 7/1.65mm steel crochet hook or size needed to obtain gauge

GAUGE
Rnds 1 and 2 = 1½ inches in diameter

PATTERN NOTES
Popcorns around inner edge of pineapples and center are worked at end as edgings.

Do not count or work into slip stitches unless otherwise stated.

SPECIAL STITCHES
Picot: Ch 5, sl st in 5th ch from hook.

Beginning popcorn (beg pc): Ch 3 *(counts as first dc)*, 4 dc in same ch sp, drop lp from hook, insert hook in top of beg ch-3, pull dropped lp through, ch 1.

Popcorn (pc): 5 dc in next ch sp, drop lp from hook, insert hook in top of beg dc, pull dropped lp through, ch 1.

Split cluster (split cl): Holding last lps on hook, tr in each of next 2 sts, sk next 2 sts, tr in each of next 2 sts, yo, pull through all lps on hook, ch 1.

INSTRUCTIONS
DOILY
Rnd 1: Ch 4, 23 dc in 4th ch from hook *(first 3 chs count as first dc)*, join with sl st in top of beg ch-3. *(24 dc)*

Rnd 2: Ch 3 *(counts as first dc throughout)*, dc in each of next 2 dc, **picot** *(see Special Stitches)*, [dc in each of next 3 dc, picot] around, join with sl st in 3rd ch of beg ch-3.

Rnd 3: Ch 3, dc in each of next 2 sts, ch 5, sk picot, [dc in each of next 3 sts, ch 5, sk next picot] around, join with sl st in 3rd ch of beg ch-3.

Rnd 4: Ch 3, dc in each of next 2 dc, *ch 7, sk next ch sp**, dc in each of next 3 sts, rep from * around, ending last rep at **, join with sl st in 3rd ch of beg ch-3.

Rnd 5: Ch 4 *(counts as first tr)*, tr in same st, *(2 tr, ch 3, 2 tr) in next st, 2 tr in next st, sl st in next ch sp**, 2 tr in next st, rep from * around, ending last rep at **, join with sl st in 4th ch of beg ch-4.

Rnd 6: Sl st across to next ch sp, sl st in ch sp, *ch 91, sl st in 9th ch from hook, ch 5, sk next 4 sts, sl st in next sl st, ch 11, sl st in 11th ch from hook, ch 5, sk next 4 sts**, sl st in next ch sp, rep from * around, ending last rep at **, join with sl st in base of beg ch-9.

Rnd 7: Sl st in each of next 3 chs, (**beg pc**—*see Special Stitches*, ch 3, **pc**—*see Special Stitches*, ch 3, pc) in same ch sp, *ch 3, sl st in next ch sp, ch 3**, (pc, ch 3, pc, ch 3) in next ch sp, rep from * around, ending last rep at **, join with sl st in top of beg pc.

Rnd 8: Sl st in each of next 2 chs, *ch 7, sc in next ch sp, ch 5, sk next 2 ch sps, sc in next ch sp, rep from * around, join with sl st in base of beg ch-7.

Rnd 9: Sl st in each of next 3 chs, ch 1, sc in same ch, ch 7, [sc in center ch of next ch sp, ch 7] around, join with sl st in beg sc.

Rnd 10: Sl st to center of next ch sp, ch 1, sc in same ch, ch 7, [sc in center ch of next ch sp, ch 7] around, join with sl st in beg sc.

Rnd 11: Ch 4, (3 tr, ch 3, 4 tr) in same st, *sl st in center ch of next ch sp, [ch 7, sl st in next ch sp] 3 times**, (4 tr, ch 3, 4tr) in next sc, rep from * around, ending last rep at **, join with sl st in 4th ch of beg ch-4.

Rnd 12: Sl st across to 5th tr, ch 4, tr in each of next 3 tr, *sl st in next ch sp, [ch 7, sl st in next ch sp] twice, tr in each of next 4 sts, ch 5, sl st in next ch sp, ch 5**, tr in each of next 4 tr, rep from * around, ending last rep at **, join with sl st in 4th ch of beg ch-4.

Rnd 13: Ch 4, tr in each of next 3 sts, *sl st in next ch sp, ch 7, sl st in next ch sp, tr in each of next 4 sts, [ch 5, sl st in next ch sp] twice, ch 5**, tr in each of next 4 sts, rep from * around, ending last rep at **, join with sl st in 4th ch of beg ch-4.

Rnd 14: Ch 4, tr in each of next 3 sts, *sl st in next ch sp, tr in each of next 4 sts, ch 5, sl st in next ch sp, pc in next ch sp, (ch 3, pc) 4 times in same ch sp, sl st in next ch sp, ch 5**, tr in each of next 4 sts, rep from * around, ending last rep at **, join with sl st in 4th ch of beg ch-4.

First Pineapple
Row 15: Working now in rows, ch 4, tr in each of next 3 sts, ch 3, sl st in next ch sp, 5 dc in each of next 4 ch sps, sl st in next ch sp, ch 3, tr in each of next 4 sts leaving rem sts unworked, turn.

Row 16: Ch 4, tr in each of next 3 sts, ch 3, sk next ch sp, dc in each of next 20 sts, ch 3, sk next ch sp, tr in each of last 4 sts, turn.

Row 17: Ch 4, tr in each of next 3 sts, ch 3, sk next ch sp, sk next st, dc in each of next 18 sts, ch 3, sk next st and next ch sp, tr in each of last 4 sts, turn.

Row 18: Ch 4, tr in each of next 3 sts, ch 3, sk next ch sp and next st, dc in each of next 16 sts, ch 3, sk next st and next ch sp, tr in each of last 4 sts, turn.

Row 19: Ch 4, tr in each of next 3 sts, ch 3, sk next ch sp and next st, dc in each of next 14 sts, ch 3, sk next st and next ch sp, tr in each of last 4 sts, turn.

Row 20: Ch 4, tr in each of next 3 sts, ch 3, sk next ch sp and next st, dc in each of next 12 sts, ch 3, sk next st and next ch sp, tr in each of last 4 sts, turn.

Row 21: Ch 4, tr in each of next 3 sts, ch 3, sk next ch sp and next st, dc in each of next 10 sts, ch 3, sk next st and next ch sp, tr in each of last 4 sts, turn.

Row 22: Ch 4, tr in each of next 3 sts, ch 3, sk next ch sp and next st, dc in each of next 8 sts, ch 3, sk next st and next ch sp, tr in each of last 4 sts, turn.

Row 23: Ch 4, tr in each of next 3 sts, ch 3, sk next ch sp and next st, **dc dec** *(see Stitch Guide)* in next 6 sts, ch 3, sk next st and next ch sp, tr in each of last 4 sts, turn.

Row 24: Ch 4, tr in each of next 3 sts, sk ch sps, tr in each of next 3 sts, turn.

Row 25: Ch 3, **split cl** *(see Special Stitches)*. Fasten off.

Next Pineapple
Make 8.

Row 15: With RS facing, join with sl st in first unworked st on rnd 14, ch 4, tr in each of next 3 sts, ch 3, sl st in next ch sp, 5 dc in each of next 4 ch sps, sl st in next ch sp, ch 3, tr in each of next 4 sts leaving rem sts unworked, turn.

Rows 16–25: Rep rows 16–25 of First Pineapple.

Outer Edging
Rnd 1: Working in ends of rows, around outer edge, join with sl st in first row of any Pineapple, ch 1, (2 sc, ch 5, pc) in same row, *(2 sc, ch 5, pc) in each of next 10 rows, (sc, ch 5, pc) in top of split cl, (2 sc, ch 5, pc) in side of split cl, (2 sc, ch 5, pc) in each of next 10 rows. Sl st in next sl st**, (2 sc, ch 5, pc) in first row of next Pineapple, rep from * around, ending last rep at **, join with sl st in beg sc.

Rnd 2: Sl st to 3rd ch of next ch sp, *[ch 4, tr in same ch sp, sl st in next ch sp] 20 times, sk next 2 ch sps, sl st in next ch sp, rep from * around, join with sl st in base of beg ch-4. Fasten off.

Inner Pineapple Edging
Rnd 1: On RS with center facing away, working along inner tr rows, join with sl st in 4th tr of any group on row 11, ch 1, (2 sc, ch 5, pc) in same st, (2 sc, ch 5, pc) in each of next 27 rows (this will take you completely around pineapple), join with sl st in beg sl st.

Rnd 2: Sl st to 3rd ch of first ch sp, ch 5, [sl st in next ch sp, ch 5] around, join with sl st in base of beg ch-5. Fasten off.

Inner Center Edging,
Rnd 1: With center away, working in ch sp around center, join with sl st in next 2 ch sps held tog as 1 next to first tr of group in row 11, ch 1, *(2 sc, ch 5, pc) in same st, [(2 sc, ch 5, pc) in each of next 2 ch sps] 7 times, rep from * around, join with sl st in beg sc.

Rnd 2: Sl st to 3rd ch of next ch sp, *ch 4, tr in same ch sp, sl st in next ch sp, [ch 4, tr in same ch sp, sl st in next ch sp] twice, sl st in next ch sp, [ch 4, tr in same ch sp, sl st in next ch sp] 5 times, rep from * around, join with sl st in base of beg ch-4. Fasten off. ❑❑

Flower Trefoils

SKILL LEVEL

EXPERIENCED

FINISHED SIZE
18 inches in diameter

MATERIALS
- DMC Traditions crochet cotton size 10:
    400 yds white
- Size 7/1.65mm steel crochet hook or size needed to obtain gauge

GAUGE
Rnds 1 and 2 = 2 inches in diameter

PATTERN NOTE
Do not count or work into slip stitches unless otherwise stated.

SPECIAL STITCHES
Beginning popcorn (beg pc): Ch 3 *(counts as first dc)*, 4 dc in specified st or ch sp, drop lp from hook, insert hook in top of beg ch-3, pull dropped lp through, ch 1.

Popcorn (pc): 5 dc in specified st or ch sp, drop lp from hook, insert hook in top of first dc of group, pull dropped lp through, ch 1.

Joining: Ch 2, sl st in 3rd ch of ch-5 sp on Center Motif or Small Motif, ch 2.

INSTRUCTIONS
DOILY
Center Motif

Rnd 1: Ch 8, sl st in first ch to form ring, ch 1, 24 sc in ring, join with sl st in beg sc. *(24 sc)*

Rnd 2: Beg pc *(see Special Stitches)* in first st, *ch 4, sl st in each of next 2 sts, ch 4**, **pc** *(see Special Stitches)* in next st, rep from * around, ending last rep at **, join with sl st in top of beg pc. *(8 pc)*

Rnd 3: *Sl st in next ch sp, ch 5, sl st in next ch sp, sk next pc, rep from * around, join with sl st in base of beg ch-5. *(8 ch sps)*

Rnd 4: Ch 1, 6 sc in each ch sp around, join with sl st in beg sc. *(48 sc)*

Rnd 5: *Ch 10, dc in 4th ch from hook, dc in each of next 6 chs *(petal made)*, sk next 2 sts**, sl st in next st, rep from * around, ending last rep at **, join with sl st in base of beg ch-10. *(16 petals)*

Rnd 6: Sl st to top of petal, ch 1, [5 sc in top of petal, ch 5] around, join with sl st in beg sc.

Rnd 7: Sl st in next st, ch 1, sc in next st, *ch 5, sc in center ch of next ch sp, ch 5**, sc in center st of next sc group, rep from * around, ending last rep at **, join with sl st in beg sc.

Rnd 8: Sl st across to center ch of next ch sp, ch 3 *(counts as first dc)*, dc in same ch, ch 3, [2 dc in center ch of next ch sp, ch 3] around, join with sl st in top of beg ch-3.

Rnd 9: Ch 3, dc in same st, ch 5, 2 dc in next st, [sk next ch sp, 2 dc in next st, ch 5, 2 dc in next st] around, join with sl st in top of beg ch-3. Fasten off.

Inner Ring Small Motifs
First Small Motif

Rnd 1: Ch 8, sl st in first ch to form ring, ch 1, 24 sc in ring, join with sl st in beg sc. *(24 sc)*

Rnd 2: Beg pc *(see Special Stitches)* in first st, *ch 4, sl st in each of next 2 sts, ch 4**, **pc** *(see Special Stitches)* in next st, rep from * around, ending last rep at **, join with sl st in top of beg pc. *(8 pc)*

Rnd 3: Sl st in next ch sp, ch 5, sl st in next ch sp, sk next pc, sl st in next ch sp, [work **joining** *(see Special Stitches)* in ch sp on Center Motif *(see illustration)*, sl st in next ch sp, sk next pc, sl st in next ch sp] twice, ch 5, [sl st in next ch sp, sk next pc, sl st in next ch sp, ch 5] around, join

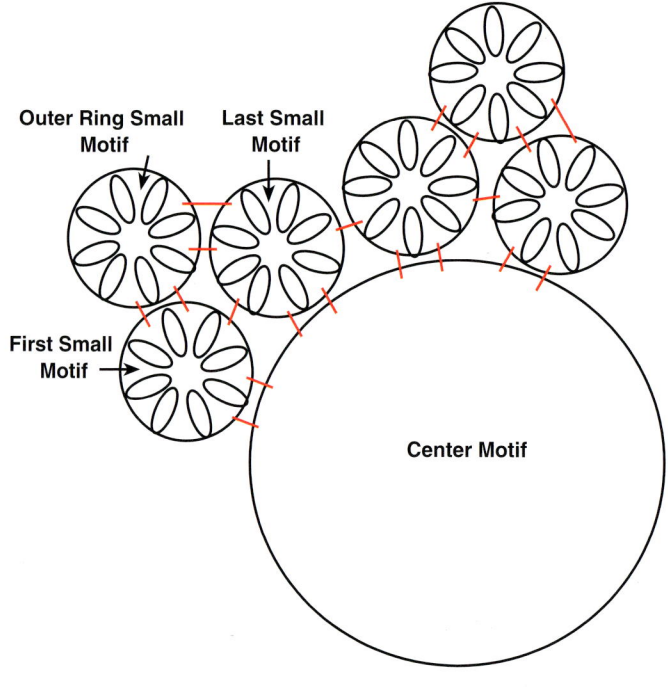

with sl st in beg sl st. Fasten off.

Next Motif
Make 15.
Rnds 1 & 2: Rep rnds 1 and 2 of First Small Motif.
Rnd 3: Sl st in next ch sp, ch 5, sl st in next ch sp, sk next pc, sl st in next ch sp, work joining in ch sp on last Small Motif (see illustration), [work joining on Center Motif, sl st in next ch sp, sk next pc, sl st in next ch sp] twice, ch 5, [sl st in next ch sp, sk next pc, sl st in next ch sp, ch 5] around, join with sl st in beg sl st. Fasten off.

Rep Next Motif for a total of 16 Motifs, joining last motif to First Small Motif according to illustration.

Outer Ring Small Motifs
Make 8.
Make same as Next Motifs, joining to Outer Ring Small Motifs according to illustration.

Edging
Rnd 1: Join with sc in first unworked ch sp on any Outer Ring Small Motifs, 6 sc in same ch sp, 7 sc in each ch-5 sp and sc in each joining around with 3 sc in each ch-2 sp, join with sl st in beg sc.
Rnd 2: *[Ch 5, tr in same st, sk next 2 sts, sc in next st, ch 5, tr in same st, sk next 2 sts, sl st in each of next 2 sts] 4 times, **sl st in each of next 7 sts, [ch 5, tr in same st, sk next 2 sts, sc in next st, ch 5, tr in same st, sk next 2 sts, sl st in each of next 2 sts] twice, rep from **, sl st in each of next 7 sts, rep from * around, join with sl st in base of beg ch-5. Fasten off. ❑❑

Pineapple Centerpiece

SKILL LEVEL

EXPERIENCED

FINISHED SIZE
20 x 34 inches

MATERIALS
- DMC Traditions crochet cotton size 10:
    800 yds white
- Size 7/1.65mm steel crochet hook or size needed to obtain gauge

GAUGE
Rnds 1 and 2 of End Motif = 1½ inches

PATTERN NOTES
Center Ruffle will be worked last.

Do not count or work into slip stitches unless otherwise stated.

SPECIAL STITCHES
Beginning shell (beg shell): Ch 3 (counts as first dc), (2 dc, ch 3, 2 dc) in same ch sp or st.

Shell: (3 dc, ch 3, 3 dc) in next ch sp, ch sp of shell or st.

INSTRUCTIONS
DOILY
Center Motif
Rnd 1: Ch 6, sl st in first ch to form ring, ch 3 (counts as first dc), 23 dc

in ring, join with sl st in 3rd ch of beg ch-3. (24 dc)
Rnd 2: Ch 3 (counts as first dc throughout), dc in same st, 2 dc in each st around, join with sl st in 3rd ch of beg ch-3. (48 dc)
Rnd 3: Ch 3, dc in next st, *ch 5, dc in each of next 2 sts, sk next 2 sts**, dc in each of next 2 sts, rep from * around, ending last rep at **, join with sl st in 3rd ch of beg ch-3.
Rnd 4: Sl st in next st, sl st in next ch sp, ch 3, 10 dc in same ch sp, *sk next 2 sts, sl st in sp between dc groups**, 11 dc in next ch sp, rep from * around, ending last rep at **, join with sl st in 3rd ch of beg ch-3.
Rnd 5: Ch 1, hdc in each st around, join with sl st in beg hdc.
Rnd 6: Sl st in each of next 2 sts, ch 3, dc in same st, *ch 5, sk next 2 sts, (2 dc, ch 7, 2 dc) in next st, ch 5, sk next 2 sts, 2 dc in next st, sk next 4 sts, 2 dc in next st, ch 5, sk next 2 sts, sl st in next st, ch 5, sk next 2 sts, 2 dc in next st, sk next 4 sts**, 2 dc in next st, rep from * around, ending last rep at **, join with sl st in 3rd ch of beg ch-3.
Rnd 7: Sl st across to 3rd ch of next ch sp, *dc in each of next 2 sts, (5 dc, ch 5, 5 dc) in next ch-7 sp, dc in each of next 2 sts, sl st in next ch sp, ch 7, sk next 3 sts, sl st in next sl st between ch sps, ch 7, sl st in next st, ch 7, sk next 3 sts**, sl st in next ch sp, rep from * around, ending last rep at **, join with sl st in beg sl st before first dc.
Rnd 8: Sl st in next dc, ch 3, dc in each of next 2 sts, *(dc, ch 5, dc) in next st, dc in each of next 3 sts, 7 dc in next ch sp, dc in each of next 3 sts, (dc, ch 5, dc) in next st, dc in each of next 3 sts, sl st in next ch sp, [ch 7, sl st in next ch sp] 3 times**, dc in each of next 3 sts, rep from * around, ending last rep at **, join with sl st in 3rd ch of beg ch-3. Fasten off.

End Motif
Rnd 1: Ch 4, sl st in first ch to form ring, ch 3, 17 dc in ring, join with sl st in 3rd ch of beg ch-3. (18 dc)
Rnd 2: Ch 3, dc in same st, 2 dc in each st around, join with sl st in 3rd ch of beg ch-3. (36 dc)

Rnd 3: Ch 3, dc in next st, *ch 5, dc in each of next 2 sts, sk next 2 sts**, dc in each of next 2 sts, rep from * around, ending last rep at **, join with sl st in 3rd ch of beg ch-3.

Rnd 4: Sl st in next st, sl st in next ch sp, ch 3, 10 dc in same ch sp, *sk next 2 sts, sl st in sp between next 2 sts*, 11 dc in next ch sp, rep from * around, ending last rep at **, join with sl st in 3rd ch of beg ch-3.

Rnd 5: Ch 1, hdc in each st around, join with sl st in beg hdc.

Rnd 6: Sl st in each of next 2 sts, ch 3, dc in same st, *ch 5, sk next 2 sts, (2 dc, ch 7, 2 dc) in next st, ch 5, sk next 2 sts, 2 dc in next st, sk next 4 sts, 2 dc in next st, ch 5, sk next 2 sts, sl st in next st, ch 5, sk next 2 sts, 2 dc in next st, sk next 4 sts**, 2 dc in next st, rep from * around, ending last rep at **, join with sl st in 3rd ch of beg ch-3.

Rnd 7: Sl st across to center ch of next ch sp, *dc in each of next 2 sts, (5 dc, ch 5, 5 dc) in next ch-7 sp, dc in each of next 2 sts, sl st in next ch sp, ch 7, sk next 3 sts, sl st in next sl st between ch sps, ch 7, sl st in next ch 7, sk next 3 sts**, sl st in next ch sp, rep from * around, ending last rep at **, join with sl st in beg sl st before first dc.

Rnd 8: Sl st in next dc, ch 3, dc in each of next 2 sts, (dc, ch 5, dc) in next st, dc in each of next 3 sts, 7 dc in next ch sp, dc in each of next 3 sts, ch 2, sl st in 3rd ch of corresponding ch sp of Center Motif, ch 2, dc in same st as last dc on this motif, dc in each of next 3 sts, sl st in next ch-7 sp, [ch 3, sl st in 4th ch of corresponding ch sp on Center Motif, ch 3, sl st in next ch sp on this motif] 3 times, dc in each of next 3 sts, dc in next st, ch 2, sl st in 3rd ch of corresponding ch sp on Center Motif, ch 2, dc in same st on this motif, dc in each of next 3 sts, 7 dc in next ch sp, dc in each of next 3 sts, complete rnd same as Center Motif.

Rep End Motif, joining to opposite side of Center Motif.

Border

Rnd 1: With RS facing, working across Center Motif, join with sl st in 4th dc of corner dc group on Center Motif, *ch 7, sk next 3 sts, sl st in next st, ch 7, sl st in next ch-5 sp, [ch 7, sl st in next ch-7 sp] 3 times, ch 7, sl st in next ch-5 sp, [ch 7, sk next 3 sts, sl st in next st] twice, ch 7, sl st in 4th st of next corner dc group, ch 7, sk next 3 sts, sl st in next st, ch 7, sl st in next ch-5 sp, [ch 7, sl st in next ch-7 sp] 3 times, ch 7, sl st in next ch-5 sp, [ch 7, sl st in next ch-7 sp] 3 times, ch 7, sl st in next ch-5 sp, [ch 7, sk next 3 sts, sl st in next st] twice, ch 7**, sl st in 4th st of next corner dc group, rep from * around, ending last rep at **, join with sl st in base of beg ch-7.

Rnd 2: Sl st to center of ch sp, ch 1, 3 sc in same ch sp, ch 5, [3 sc in next ch sp, ch 5] around, join with sl st in beg sc.

Rnd 3: Ch 3, *(dc, ch 5, dc) in next st, dc in next st, sl st in next ch sp**, dc in next st, rep from * around, ending last rep at **, join with sl st in 3rd ch of beg ch-3.

Rnd 4: Sl st across to ch sp, ch 3, (dc, ch 5, 2 dc) in same ch sp, (2 dc, ch 5, 2 dc) in each of next 13 ch sps, (2 dc, ch 5, 2 dc, ch 5, 2 dc) in each of next 6 ch sps, (2 dc, ch 5, 2 dc) In each of next 20 ch sps, (2 dc, ch 5, 2 dc, ch 5, 2 dc) in each of next 6 ch sps, (2 dc, ch 5, 2 dc) in each of last 6 ch sps, join with sl st in 3rd ch of beg ch-3.

Rnd 5: Sl st to next ch sp, ch 3, (dc, ch 5, 2 dc) in same ch sp, (2 dc, ch 5, 2 dc) in each ch-5 sp around, join with sl st in 3rd ch of beg ch-3.

Rnd 6: Sl st to next ch sp, **beg shell** *(see Special Stitches)* in same ch sp, *ch 5, sk next 4 sts, sl st in next ch sp, dc in each of next 2 sts, ch 5, dc in each of next 2 sts, sl st in next ch-5 sp, ch 5, sk next 4 sts, **shell** *(see Special Stitches)* in next ch-5 sp**, shell in next ch-5 sp, rep from * around, ending last rep at **, join with sl st in 3rd ch of beg ch-3.

Rnd 7: Sl st across to next ch sp, beg shell in same ch sp, *ch 5, sl st in next ch-5 sp, dc in each of next 2 sts, 10 dc in next ch-5 sp, dc in each of next 2 sts, sl st in next ch-5 sp, ch 5**, [shell in ch sp of next shell] twice, rep from * around, ending last rep at **, shell in ch sp of last shell, join with sl st in 3rd ch of beg ch-3.

Rnd 8: Sl st across to ch sp, beg shell in same ch sp, *ch 5, sl st in next ch-5 sp, dc in each of next 2 sts, [ch 1, dc in each of next 2 sts] 6 times, sl st in next ch-5 sp, ch 5**, shell in each of next 2 shells, rep from * around, ending last rep at **, shell in last shell, join with sl st in 3rd ch of beg ch-3.

Rnd 9: Sl st in ch sp, beg shell in same ch sp, *ch 5, sk next ch-5 sp and next 2 sts, sl st in next ch-1 sp, [ch 5, sk next 2 sts, sl st in next ch-1 sp] 5 times, ch 5, sk next 2 sts, and ch-5 sp**, shell in each of next 2 shells, rep from * around, ending last rep at **, shell in last shell, join with sl st in 3rd ch of beg ch-3.

First Pineapple

Row 10: Working in rows, ch 4, shell in shell, ch 5, sk next ch-5 sp, sl st in next ch-5 sp, [ch 5, sl st in next ch sp] 4 times, ch 5, sk next ch-5 sp, shell in shell, sk next 2 sts, tr in next st leaving rem sts unworked, turn.

Row 11: Ch 4, shell in shell, ch 5, sk next ch-5 sp, sl st in next ch-5 sp, [ch 5, sl st in next ch sp] 3 times, ch 5, sk next ch-5 sp, shell in shell, sk next 2 sts, tr in last st, turn.

Row 12: Ch 4, shell in shell, ch 5, sk next ch-5 sp, sl st in next ch-5 sp, [ch 5, sl st in next ch sp] twice, ch 5, shell in shell, sk next 2 sts, tr in last st, turn.

Row 13: Ch 4, shell in shell, ch 5, sk next ch-5 sp, sl st in next ch-5 sp, ch 5, sl st in next ch-5 sp, ch 5, sk next ch-5 sp, shell in shell, sk next 2 dc, tr in last st.

Row 14: Ch 4, shell in shell, ch 5, sk next ch-5 sp, sl st in next ch-5 sp, ch 5, shell in shell, sk next 2 dc, tr in last st. Fasten off.

Next Pineapple

Row 10: Join with sl st in first dc of next unworked shell on rnd 9, ch 4, shell in shell, ch 5, sk next ch-5 sp, sl st in next ch-5 sp, [ch 5, sl in next ch sp] 4 times, ch 5, sk next ch-5 sp, shell in shell, sk next 2 sts, tr in next st leaving rem sts unworked, turn.

Rows 11–14: Rep rows 11–14 of First Pineapple.

Rep Next Pineapple around for a total of 16 Pineapples.

Edging
Rnd 15: Working around entire outer edge in ends of rows, join with sl st in first ch-4 sp at end of row on any Pineapple, ch 1, 6 sc in same ch sp, *6 sc in each of next 4 rows, ch 4, shell in shell, sk next 2 ch sps, shell in shell, ch 4, 6 sc in each of next 5 rows**, 6 sc in end of next row on next Pineapple, rep from * around, ending last rep at **, join with sl st in beg sc.

Rnd 16: Sl st across to 13th sc, *[ch 7, tr in same st, sk next 5 sts, sl st in next st] twice, ch 7, tr in same st, sk next 5 sts, sl st in next ch-4 sp, [ch 7, tr in same ch sp, sl st in next ch-3 sp of shell] twice, ch 7, tr in same ch sp, sl st in next ch-4 sp, [ch 7, tr in same st, sk next 5 sts, sl st in next st] 3 times, ch 7, tr in same st**, sk next 24 sts, sl st in next st, rep from * around, ending last rep at **, sk rem sts, join with sl st in base of beg ch-7. Fasten off.

Center Ruffle
Rnd 1: With RS facing, working in sk 4-dc groups of rnd 4 of Border, join with sl st in first dc of any dc group, *ch 5, sk next 2 sts, sl st in next st, ch 5**, sl st in first st of next dc group, rep from * around, ending last rep at **, join with sl st in base of beg ch-5.

Rnd 2: Sl st in next ch sp, *ch 9, dtr in same ch sp, sk next ch-5 sp**, sl st in next ch-5 sp, rep from * around, ending last rep at **, join with sl st in base of beg ch-9.

Rnd 3: Sl st in each of next 4 chs, *ch 7, (dtr, sl st, ch 7, dtr) in same ch sp**, sl st in next ch sp, rep from * around, ending last rep at **, join with sl st in base of beg ch-7. Fasten off. ❑❑

Gossamer Wings

SKILL LEVEL

INTERMEDIATE

FINISHED SIZE
23 inches in diameter

MATERIALS
- Caron Grandma's Best crochet cotton size 10:
  600 yds white
- Size 7/1.65mm steel crochet hook or size needed to obtain gauge
- Stitch markers

GAUGE
Rnds 1–3 = 2½ inches in diameter

PATTERN NOTE
Do not count or work into slip stitches unless otherwise stated.

SPECIAL STITCH
Treble crochet decrease (tr dec): *Yo twice, insert hook, yo, pull lp through, [yo, pull through 2 lps on hook] twice, rep from * in each of the sts indicated, yo, pull through all lps on hook.

INSTRUCTIONS
DOILY

Rnd 1: Ch 8, sl st in first ch to form ring, ch 3 *(counts as first dc)*, 23 dc in ring, join with sl st in 3rd ch of beg ch-3. *(24 dc)*

Rnd 2: Ch 3, 2 dc in same st, *ch 3, sk next st**, 3 dc in next st, rep from * around, ending last rep at **, join with sl st in 3rd ch of beg ch-3.

Rnd 3: Sl st in next st, ch 3, 2 dc in same st, ch 3, [3 dc in center dc of next group, ch 3] around, join with sl st in 3rd ch of beg ch-3.

Rnd 4: Sl st in next st, ch 3, 2 dc in same st, *ch 3, 2 dc in each of next 3 sts, ch 3, sk next st, 3 dc in next st, ch 5**, 3 dc in center st of next group, rep from * around, ending last rep at **, join with sl st in 3rd ch of beg ch-3.

Rnd 5: Sl st in next st, ch 3, 2 dc in same st, *ch 3, sk next ch sp, dc in each of next 3 sts, ch 3, dc in each of next 3 sts, ch 3, sk next st, 3 dc in next st, ch 5, sl st in next ch sp, ch 5**, 3 dc in center dc of next dc group, rep from * around, ending last rep at **, join with sl st in 3rd ch of beg ch-3.

Rnd 6: Sl st in next st, ch 3, 2 dc in same st, *ch 3, dc in each of next 2 sts, 3 dc in next st, ch 3, 3 dc in next st, dc in each of next 2 sts, ch 3, sk next st, 3 dc in next st, [ch 5, sl st in next ch sp] twice, ch 5**, sk next dc, dc in next dc, rep from * around, ending last rep at **, join with sl st in 3rd ch of beg ch-3.

Rnd 7: Sl st in next st, ch 3, 2 dc in same st, *ch 3, [sk next ch sp, dc in each of next 5 sts, ch 3] twice, sk next st, 3 dc in next st, [ch 3, 3 dc in center ch of next ch sp] 3 times, ch 3**, sk next st, 3 dc in next st, rep from * around, ending last rep at **, join with sl st in 3rd ch of beg ch-3.

Rnd 8: Sl st in next st, ch 3, 2 dc in same st, *[ch 3, sk next ch sp, dc in each of next 5 sts] twice**, [ch 3, 3 dc in center dc of next dc group] 5 times, rep from * around, ending last rep at **, [ch 3, 3 dc in center dc of next dc group] across, ch 3, join with sl st in 3rd ch of beg ch-3.

Rnd 9: Sl st in next st, ch 3, 2 dc in same st, *[ch 3, sk next ch sp, dc in each of next 5 sts] twice, [ch 3, 3 dc in center dc of next dc group] twice, ch 3, sk next ch sp, 2 dc in each of next 3 sts**, [ch 3, sk next ch sp, 3 dc in center dc of next dc group] twice, rep from * around, ending last rep at **, ch 3, 3 dc in center dc of next dc group, ch 3, join with sl st in 3rd ch of beg ch-3.

Rnd 10: Sl st in next st, ch 3, 2 dc in same st, *ch 3, [sk next ch sp, dc in each of next 5 sts] twice, ch 3, 3 dc in center dc of next dc group, ch 5, 3 dc in center dc of next dc group, ch 3, sk next ch sp, dc in each of next 3 dc, ch 3, dc in each of next 3 dc, ch 3, 3 dc in center dc of next dc group, ch 5**, 3 dc in center dc of next dc group, rep from * around, ending last rep at **, join with sl st in 3rd ch of beg ch-3.

Rnd 11: Sl st in next st, ch 3, 2 dc in same st, *ch 3, sk next ch sp, dc in each of next 10 sts, ch 3, 3 dc in center dc of next dc group, ch 5, 3 dc in center dc of next dc group, ch 3, sk next ch sp, dc in each of next 2 sts, 3 dc in next st, ch 3, 3 dc in next st, dc in each of next 2 sts, ch 3, 3 dc in center dc of next dc group, ch 5**, 3 dc in center dc of next dc group, rep from * around, ending last rep at **, join with sl st in 3rd ch of beg ch-3.

Rnd 12: Sl st in next st, ch 3, 2 dc in same st, *ch 3, dc in each of next 4 sts, sk next 2 sts, dc in each of next 4 sts, ch 3, 3 dc in center st of next dc group, ch 3, 3 dc in center ch of next ch sp, ch 3, 3 dc in center dc of next ch sp, [ch 3, sk next ch sp, dc in each of next 5 sts] twice, ch 3, 3 dc in center dc of next dc group, ch 3, 3 dc in center ch of next ch sp, ch 3**, 3 dc in center dc of next dc group, rep from * around, ending last rep at **, join with sl st in 3rd ch of beg ch-3.

Rnd 13: Sl st in next st, ch 3, 2 dc in same st, *ch 3, sk next ch sp, dc in each of next 3 sts, sk next 2 sts, dc in each of next 3 sts, ch 3, 3 dc in center dc of next dc group, ch 3, 2 dc in each of next 3 sts, ch 3, 3 dc in center dc of next dc group, [ch 3, sk next ch sp, dc in each of next 5 sts] twice, ch 3, 3 dc in center dc of next dc group, ch 3, sk next ch sp, 2 dc in each of next 3 sts, ch 3**, 3 dc in center dc of next dc group, rep from * around, ending last rep at **, join with sl st in 3rd ch of beg ch-3.

Rnd 14: Sl st in next st, ch 3, 2 dc in same st, *ch 3, sk next ch sp, dc in each of next 2 sts, sk next 2 sts, dc in each of next 2 sts, ch 3, 3 dc in center dc of next dc group, ch 3, sk next ch sp, 2 dc in each of next 6 sts, ch 3, 3 dc in center dc of next dc group, [ch 3, sk next ch sp, dc in each of next 5 sts] twice, ch 3, 3 dc in center dc of next dc group, ch 3, sk next ch sp, 2 dc in each of next 6 sts, ch 3**, 3 dc in center dc of next dc group, rep from * around, ending last rep at **, join with sl st in 3rd ch of beg ch-3.

Rnd 15: Sl st in next st, ch 3, 2 dc in same st, *ch 3, dc in next st, sk next 2 sts, dc in next st, ch 3, 3 dc in center dc of next dc group, ch 3, sk next ch sp, dc in each of next 6 dc, ch 5, dc in each of next 6 sts, ch 3, 3 dc in center dc of next dc group, ch 3, [sk next ch sp, dc in each of next 5 sts] twice, ch 3, 3 dc in center dc of next dc group, ch 3, sk next ch sp, dc in each of next 6 sts, ch 5, dc in each of next 6 sts, ch 3**, 3 dc in center dc of next dc group, rep from * around, ending last rep at **, join with sl st in 3rd ch of beg ch-3.

Rnd 16: Sl st in next st, ch 3, 2 dc in same st, *sk next 2 ch sps, 3 dc in center dc of next dc group, ch 3, sk next ch sp, dc in each of next 3 sts, ch 3, dc in each of next 3 sts, ch 5, sl st in next ch sp, ch 5, dc in each of next 3 sts, ch 3, dc in each of next 3 sts, ch 3, 3 dc in center dc of next dc group, ch 3, sk next ch sp, dc in each of next 10 sts, ch 3, 3 dc in center dc of next dc group, ch 3, sk next ch sp, dc in each of next 3 sts, ch 3, dc in each of next 3 sts, ch 5, sl st in next ch sp, ch 5, dc in each of next 3 sts, ch 3, dc in each of next 3 sts, ch 3**, 3 dc in center dc of next dc group, rep from * around, ending last rep at **, join with sl st in 3rd ch of beg ch-3.

Rnd 17: Ch 3, dc in next st, *sk next 2 sts, dc in each of next 2 sts, [ch 3, sk next ch sp, dc in each of next 3 sts] twice, [ch 5, sl st in next ch sp] twice, ch 5, dc in each of next 3 dc, ch 3, dc in each of next 3 dc, ch 3, 3 dc in center dc of next dc group, ch 3, sk next ch sp, dc in each of next 4 sts, sk next 2 sts, dc in each of next 4 sts, ch 3, 3 dc in center dc of next dc group, [ch 3, sk next ch sp, dc in each of next 3 sts] twice, [ch 5, sl st in next ch sp] twice, ch 5, dc in each of next 3 sts, ch 3, dc in each of next 3 sts, ch 3, sk next ch sp**, dc in each of next 2 sts, rep from * around, ending last rep at **, join with sl st in 3rd ch of beg ch-3.

Rnd 18: Ch 3, sk next 2 sts, dc in next st, *ch 3, [sk next ch sp, dc in each of next 3 sts] twice, ch 5, sl st in next ch sp, ch 5, 3 dc in center ch of next ch sp, ch 5, sl st in next ch sp, ch 5, dc in each of next 3 sts, sk next ch sp, dc in each of next 3 sts, ch 3, 3 dc in center dc of next dc group, ch 3, sk next ch sp, dc in each of next 3 dc, sk next 2 sts, dc in each of next 3 sts, ch 3, 3 dc in center dc of next dc group, ch 3, [sk next ch sp, dc in each of next 3 sts] twice, ch 5, sl st in next ch sp, ch 5, 3 dc in center ch of next ch sp, ch 5, sl st in next ch sp, ch 5, dc in each 3 sts, sk next ch sp, dc in each of next 3 sts, ch 3, sk next ch sp**, dc in next st, sk next 2 sts, dc in next st, rep from * around, ending last rep at **, join with sl st in 3rd ch of beg ch-3.

Rnd 19: Sl st in next st and in each ch across to first dc of next dc group, ch 3, **tr dec** (see Special Stitch) in next 5 sts, *[ch 5, sl st in next ch sp] twice, ch 3, 2 dc in each of next 3 sts, ch 3, [sl st in next ch sp, ch 5] twice, tr dec in next 6 sts, ch 5, 3 dc in center dc of next dc group, ch 3, sk next ch sp, dc in each of next 2 sts, sk next 2 sts, dc in each of next 2 sts, ch 3, 3 dc in center dc of next dc group, ch 5, dc dec in next 6 sts, [ch 5, sl st in next ch sp] twice, ch 3, 2 dc in each of next 3 sts, ch 3, [sl st in next ch sp, ch 5] twice, tr dec in next 6 sts, ch 5, sk next 2 ch sps**, tr dec in next 6 sts, rep from * around, ending last rep at **, join with sl st in 3rd ch of beg tr dec.

Rnd 20: Sl st to center of next ch sp, ch 5, sl st in next ch sp, *ch 3, 2 dc in each of next 6 sts, ch 3, sl st in next ch sp, [ch 5, sl st in next ch sp] twice, ch 5, 3 dc in center dc of next dc group, ch 3, sk next ch sp dc in next st, sk next 2 sts, dc in next st, ch 3, 3 dc in center dc of next dc group, [ch 5, sl st in next ch sp] 3 times, ch 3, 2 dc in each of next 6 sts, ch 3, sl st in next ch sp**, [ch 5, sl st in next ch sp] 4 times, rep from * around, ending last rep at **, [ch 5, sl st in next ch sp] across, ch 5, join with sl st in base of beg ch-5.

Rnd 21: Sl st to center of next ch sp, *ch 3, dc in each of next 6 sts, ch 5, dc in each of next 6 sts, ch 3, sl st in next ch sp, [ch 5, sl s st in next ch sp] twice, [ch 5, 3 dc in center dc of next dc group] twice, [ch 5, sl st in next ch sp] 3 times, ch 3, dc in each of next 6 sts, ch 5, dc in each of next 6 sts, ch 3, sl st in next ch sp**, [ch 5, sl st in next ch sp] 3 times, rep from * around, ending last rep at **, ch 5, [sl st in next ch sp, ch 5] around, join with sl st in base of beg ch-3.

Rnd 22: Sl st in each ch across to first dc, sl st in dc, ch 3, dc in each of next 2 sts, *ch 3, dc in each of next 3 sts, ch 5, sl st in next ch sp, ch 5, dc in each of next 3 sts, ch 3, dc in each of next 3 sts, ch 3, sl st in next ch sp, [ch 5, sl st in next ch sp] twice, ch 5, 3 dc in center dc of next dc group, ch 5, sl st in next ch sp, ch 5, 3 dc in center dc of next dc, group, [ch 5, sl st in next ch sp] 3 times, [ch 3, dc in each of next 3 sts] twice, ch 5, sl st in next ch sp, ch 5, dc in each of next 3 sts, ch 3, dc in each of next 3 sts, ch 3, sl st in next ch sp, [ch 5, sl st in next ch sp] twice, ch 3**, dc in each of next 3 sts, rep from * around, ending last rep at **, join with sl st in 3rd ch of beg ch-3.

Rnd 23: Ch 3, dc in each of next 2 sts, *ch 3, dc in each of next 3 sts, [ch 5, sl st in next ch sp] twice, ch 5, dc in each of next 3 sts, ch 3, dc in each of next 3 sts, ch 3, sl st in next ch sp, ch 5, sk next ch sp, 3 dc in center dc of next dc group, [ch 5, sl st in next ch sp] twice, ch 5, 3 dc in center dc of next dc group, ch 5, sk next ch sp, sl st in next ch sp, ch 5, sl st in next ch sp, [ch 3, dc in each of next 3 sts] twice, [ch 5, sl st in next ch sp] twice, ch 5, dc in each of next 3 sts, ch 3, dc in each of next 3 sts, ch 3, sl st in next ch sp, ch 5, sl st in next ch sp, ch 3**, dc in each of next 3 sts, rep from * around, ending last rep **, join with sl st in 3rd ch of beg ch-3.

Rnd 24: Ch 3, dc in each of next 2 sts, *sk next ch sp, dc in each of next 3 sts, [ch 5, sl st in next ch sp] 3 times, ch 5, dc in each of next 3 sts, sk next ch sp, dc in each of next 3 sts, ch 5, sl st in next ch sp, ch 5, sk next ch sp, 3 dc in center dc of next dc group, [ch 5, sl st in next ch sp] 3 times, ch 5, 3 dc in center dc of next dc group, ch 5, sk next ch sp, sl st in next ch sp, ch 5, dc in each of next 3 sts, sk next ch sp, dc in each of next 3 sts, [ch 5, sl st in next ch sp] 3 times, ch 5, dc in each of next 3 sts, sk next ch sp, dc in each of next 3 sts, ch 5, sl st in next ch sp, ch 5**, dc in each of next 3 sts, rep from * around, ending last rep at **, join with sl st in 3rd ch of beg ch-3.

Rnd 25: Ch 4, tr dec in next 5 sts, *ch 7, sl st in next ch sp, ch 3, [(dc, ch 5, dc) in center ch of next ch sp] twice, ch 3, sl st in next ch sp, ch 7, tr dec in next 6 sts, ch 7, sl st in next sl st between ch sps, ch 5, 3 dc in center dc of next dc group *(mark first dc of this group)*, ch 5, sl st in next ch sp, ch 3, [(dc, ch 5, dc) in center ch of next ch sp] twice, ch 3, sl st in next ch sp, ch 5, 3 dc in center dc of next dc group, ch 5, sl st in sl st between ch sps, ch 7, tr dec in next 6 sts, ch 7, sl st in next ch sp, ch 3, [(dc, ch 5, dc) in center ch of next ch sp] twice, ch 3, sl st in next ch sp, ch 7, tr dec in next 6 sts, ch 7, sl st in next sl st between ch sps, ch 7**, tr dec in next 6 sts, rep from * around, ending last rep at **, join with sl st in top of beg tr dec. Fasten off.

Scallop
Row 1: Join with sl st in first marked st, ch 3, sk next st, 3 dc in next st, ch 3, sl st in next ch sp, ch 5, sk next ch sp, sl st in next ch sp, ch 5, sl st in next ch sp, ch 5, sk next ch sp, sl st in next ch sp, ch 3, 3 dc in next st, sk next st, dc in next st, turn.

Row 2: Ch 3, sk next 2 sts, 3 dc in next st, ch 3, sk next ch sp, sl st in next ch sp, [ch 5, sl st in next ch sp] twice, ch 3, sk next ch sp, 3 dc in next st, sk next st, dc in last st, turn.

Row 3: Ch 3, sk next 2 sts, 3 dc in next st, ch 3, sk next ch sp, sl st in next ch sp, ch 5, sl st in next ch sp, ch 3, sk next ch sp, 3 dc in next st, sk next st, dc in last st, turn.

Row 4: Ch 3, sk next 2 sts, 3 dc in next st, ch 3, sk next ch sp, sl st in next ch sp, ch 3, sk next ch sp, 3 dc in next st, sk next st, dc in next st, turn.

Row 5: Ch 3, sk next 2 sts, 3 dc in next st, sk next 2 ch sps, 3 dc in next st, sk next st, dc in last st, turn.

Row 6: Ch 3, dc in same st, sk next 2 sts, sl st in each of next 2 sts, ch 3, dc in same st, sl st in top of turning ch. Fasten off.

Rep scallop around, beg in each marked st. ❑❑

Daisies All Around

SKILL LEVEL
INTERMEDIATE

FINISHED SIZE
17 inches in diameter

MATERIALS
- Aunt Lydia's Classic crochet cotton size 10:
    - 325 yds #1 white
    - 200 yds #428 mint green
    - 150 yds #423 maize
- Size 7/1.65mm steel crochet hook or size needed to obtain gauge

GAUGE
Rnds 1–4 of Center Motif = 2 inches in diameter

PATTERN NOTE
Do not count or work into slip stitches unless otherwise stated.

SPECIAL STITCHES
Single crochet popcorn (sc pc): 5 sc in specified ch sp or st, drop lp from hook, insert hook in top of first sc of group, pull dropped lp through, ch 1.

Beginning double crochet popcorn (beg dc pc): Ch 3 *(counts as first dc)*, 6 dc in same ch sp or st, drop lp from hook, insert hook in top of beg ch-3, pull dropped lp through, ch 1.

Double crochet popcorn (dc pc): 7 dc in specified ch sp or st, drop lp from hook, insert hook in first dc of group, pull dropped lp through, ch 1.

INSTRUCTIONS
DOILY
Center Motif
Rnd 1: With maize, ch 4, 17 dc in 4th ch from hook *(first 3 chs count as first dc)*, join with sl st in 3rd ch of beg ch-3. *(18 dc)*

Rnd 2: Ch 1, sc in each st around, join with sl st in beg sc. *(18 sc)*

Rnd 3: Ch 3 *(counts as first dc)*, dc in first st, 2 dc in each st around, join with sl st in 3rd ch of beg ch-3. *(36 dc)*

Rnd 4: Ch 1, sc in each st around, join with sl st in beg sc. Fasten off. *(36 sc)*

Rnd 5: Join white with sl st in any sc, *ch 12, dc in 4th ch from hook, dc in each of next 8 chs, sk next sc**, sl st in next st, rep from * around, ending last rep at **, join with sl st in beg sl st *(mark first petal)*. Fasten off. *(18 petals)*

Rnd 6: Working behind petals in sk sts on rnd 4, join mint green with sl st in sc under first petal, *ch 7, sk next petal**, sl st in sc under next petal, rep from * around, ending last rep at **, join with sl st in beg sl st. *(9 ch sps)*

Rnd 7: Sl st in first ch sp, ch 4 *(counts as first tr)*, 7 tr in same ch sp, 8 tr in each ch sp around, join with sl st in 4th ch of beg ch-4. *(72 tr)*

Rnd 8: Ch 3, dc in each st around, join with sl st in top of beg ch-3.

Rnd 9: *Ch 5, sk next 3 sts**, sl st in next st, rep from * around, ending last rep at **, join with sl st in base of beg ch-5. *(18 ch sps)*

Rnd 10: Sl st in first ch sp, ch 4, 6 tr in same ch sp, sk first petal made, sl st in top of last petal made, *7 tr in next ch sp, sl st in top of next petal, rep from * around, join with sl st in 4th ch of beg ch-4.

Rnd 11: *Sk next 2 sts, (dc, ch 3, dc, ch 3, dc, ch 3, dc) in next st, sk next 2 sts**, sl st in each of next 2 sts, rep from * around, ending last rep at **, join with sl st in joining sl st of last rnd. Fasten off.

Center Ruffle
Rnd 12: Work in sk sts or rnd 4, with RS facing, join mint green with sl st in any sc, ch 3, [sl st in next sk sc, ch 3] around, join with sl st in beg sl st.

Rnd 13: Sl st in next ch sp, *ch 3, **sc pc** *(see Special Stitches)* in same ch sp**, sl st in next ch sp, rep from * around, join with sl st in beg sl st. Fasten off.

Border
First Motif
Rnd 1: With maize, ch 4, 23 dc in 4th ch from hook *(first 3 chs count as first dc)*, join with sl st in 3rd ch of beg ch-3. *(24 dc)*

Rnd 2: Ch 1, sc in each st around, join with sl st in beg sc. Fasten off. *(24 sc)*

Rnd 3: Join white with sl st in any sc, *ch 12, dc in 4th ch from hook, dc in each of next 8 chs, sk next sc**, sl st in next st, rep from * around, ending last rep at **, join with sl st in beg sl st *(mark first petal)*. Fasten off. *(12 petals)*

Rnd 4: Working behind petals in sk sts on rnd 2, join mint green with sl st in sc under first petal, *ch 7, sk next petal**, sl st in sc under next petal, rep from * around, ending last rep at **, join with sl st in beg sl st. *(6 ch sps)*

Rnd 5: Sl st in first ch sp, ch 3, 7 dc in same ch sp, 8 dc in each ch sp around, join with sl st in 3rd ch of beg ch-3. *(48 dc)*

Rnd 6: *Ch 5, sk next 3 sts**, sl st in next st, rep from * around, ending last rep at **, join with sl st in base of beg ch-5. *(12 ch sps)*

Rnd 7: Sl st in first ch sp, ch 4, 6 tr in same ch sp, sk first petal made, sl st in top of last petal made, *7 tr in next ch sp, sl st in top of next petal, rep from * around, join with sl st in 4th ch of beg ch-4.

Rnd 8: *Sk next 2 sts, (dc, ch 3, dc) in next st, ch 1, sl st in corresponding ch sp of Center Motif, (ch 1, dc, ch

3, dc) in same st as last dc on this motif, sk next 2 tr, rep from * *(motifs now joined by 2 sts)*, complete rnd as rnd 11 of Center Motif.

Center Ruffle
Rnd 9: Working in sk sts of rnd 2 with RS facing, join mint green with sl st in any sc, ch 3, [sl st in next sk sc, ch 3] around, join with sl st in beg sl st.

Rnd 10: Sl st in next ch sp, *ch 3, sc pc in same ch sp**, sl st in next ch sp, rep from * around, join with sl st in beg sl st. Fasten off.

Next Motif
Rnds 1–7: Work rnds 1–7 of First Motif of Border.

Rnd 8: *Sk next 2 sts, (dc, ch 3, dc) in next st, ch 1, sl st in corresponding ch sp of Center Motif, (ch 1, dc, ch 3, dc) in same st as last dc on this motif, sk next 2 tr*, rep between * *(motifs now joined by 2 sts)*, sk next 2 sts, (dc, ch 3, dc, ch 3, dc, ch 3, dc) in next st, rep between * joining to last motif on Border, complete rnd as rnd 11 of Center Motif.

Center Ruffle
Rnd 9: Work in sk sts or rnd 2 with RS facing, join mint green with sl st in any sc, ch 3, [sl st in next sk sc, ch 3] around, join with sl st in beg sl st.

Rnd 10: Sl st in next ch sp, *ch 3, sc pc in same ch sp**, sl st in next ch sp, rep from * around, join with sl st in beg sl st. Fasten off.

Rep next motif 4 times for at total of 6 Motifs on Border, joining last Motif to First Motif in same manner.

Fill-in Motif
Working between Center and Border Motifs *(see photo)*, join white with sl st in center ch sp of any Motif, **beg dc pc** *(see Special Stitches)* in same ch sp, **dc pc** *(see Special Stitches)* in same ch sp, (dc pc, ch 1, dc pc) in center ch sp of each Motif around, join with sl st in top of beg ch-3. Fasten off.

Work Fill-in Motif between all motifs as shown in photo. ❑❑

Scarlet Ruffles

SKILL LEVEL

INTERMEDIATE

FINISHED SIZE
26 inches in diameter

MATERIALS
- Southmaid crochet cotton size 10:
   700 yds #494 victory red
- Size 7/1.65mm steel crochet hook or size needed to obtain gauge

GAUGE
Rnds 1 and 2 = 1¾ inches in diameter

PATTERN NOTES
Tiers are worked last.

Do not count or work into slip stitchess unless otherwise stated.

SPECIAL STITCHES
Beginning shell (beg shell): Ch 3 *(counts as first dc)*, (2 dc, ch 3, 3 dc) in same ch sp or st.

Shell: (3 dc, ch 3, 3 dc) in same st or ch sp.

Treble crochet split decrease (tr split dec): *Yo twice, insert hook, yo, pull lp through, [yo, pull through 2 lps on hook] twice, rep from * in each of the sts indicated*, sk next ch sp, rep between *, yo, pull through all lps on hook.

Treble crochet decrease (tr dec): *Yo twice, insert hook, yo, pull lp through, [yo, pull through 2 lps on hook] twice, rep from * in each of the sts indicated, yo, pull through all lps on hook, ch 1.

V-stitch (V-st): (Dc, ch 3, dc) in next st or ch sp.

INSTRUCTIONS
DOILY
Rnd 1: Ch 4, 23 dc in 4th ch from hook *(first 3 chs count as first dc)*, join with sl st in 3rd ch of beg ch-3. *(24 dc)*

Rnd 2: Ch 3 *(counts as first st)*, dc in same st, 2 dc in each st around, join with sl st in 3rd ch of beg ch-3. *(48 dc)*

Rnd 3: Ch 3, dc in each of next 2 sts, ch 3, [dc in each of next 3 sts, ch 3] around, join with sl st in 3rd ch of beg ch-3.

Rnd 4: Ch 3, dc in each of next 2 sts, [ch 3, dc in each of next 3 sts] around, ch 3, join with sl st in 3rd ch of beg ch-3.

Rnd 5: Sl st in next st, *shell *(see Special Stitches)* in next ch sp, sk next st**, sl st in next st, rep from * around, join with sl st in beg sl st.

Rnd 6: Sl st across to ch sp, **beg shell** *(see Special Stitches)* in same ch sp, shell in ch sp of each shell around, join with sl st in 3rd ch of beg ch-3.

Rnd 7: Ch 3, dc in each of next 2 sts, *4 dc in next ch sp, dc in each of next 3 sts, ch 5, **tr split dec** *(see Special Stitches)* in next 6 sts, ch 5**, dc in each of next 3 dc, rep from * around, ending last rep at **, join with sl st in 3rd ch of beg ch-3.

Rnd 8: Ch 9, sl st in each of next 2 sts, ch 11, sl st in each of next 2 dc, ch 13, sl st in each of next 2 dc, ch 11, sl st in each of next 2 dc, ch 9, sl st in next dc, ch 5, sk next ch-5 sp, sl st in next top of next tr split dec, ch 5, sk next ch-5 sp**, sl st in next st, rep from * around, ending last rep at **, ending with sl st in base of beg ch-9.

Rnd 9: Sl st across to center of ch sp, ch 3, 4 dc in same ch, *5 dc in each of next 4 ch sps, sl st in next ch sp, ch 7, sl st in next ch sp**, 5 dc in next ch sp, rep from * around, ending last rep at **, join with sl st in 3rd ch of beg ch-3.

Rnd 10: Ch 3, dc in each of next 24 sts, *ch 3, sl st in next ch sp, ch 3**, dc in each of next 25 sts, rep from * around, ending last rep at **, join with sl st in 3rd ch of beg ch-3.

Rnd 11: Ch 3, dc in each of next 24 sts, *ch 5, sk next ch sp**, dc in each of next 25 sts, rep from * around, ending last rep at **, join with sl st in 3rd ch of beg ch-3.

Rnd 12: Ch 3 *(does not count as dc for this rnd)*, **tr dec** *(see Special Stitches)* in next 4 sts, ch 5, [tr dec in next 5 sts, ch 5] around, join with sl st in top of beg tr dec.

Rnd 13: Ch 6 *(counts as first dc and ch sp)*, dc in same st, *ch 5, **V-st** (see Special Stitches) in next tr dec, rep from * around, ch 5, join with sl st in 3rd ch of beg ch-6.

Rnd 14: Ch 6, dc in next dc, *ch 5, sk next ch sp**, dc in next st, ch 3, sk next ch sp, dc in next dc, rep from * around, ending last rep at **, join with sl st in 3rd ch of beg ch-6.

Rnds 15–17: Ch 6, dc in next dc, *ch 5, sk next ch sp**, dc in next st, ch 3, sk next ch sp, dc in next dc, rep from * around, ending last rep at **, join with sl st in 3rd ch of beg ch-6.

Rnd 18: Sl st in ch sp, beg shell in same ch sp, *ch 3, sk next ch-5 sp**, shell in next ch-3 sp, rep from * around, ending last rep at **, join with sl st in 3rd ch of beg ch-3.

Rnd 19: Ch 3, dc in each of next 2 sts, *V-st in next ch sp, dc in each of next 3 sts, ch 3, sk next ch sp**, dc in each of next 3 sts, rep from * around, ending last rep at **, join with sl st in 3rd ch of beg ch-3.

Rnd 20: Ch 3, dc in each of next 3 sts, *ch 3, sk next ch sp, dc in each of next 4 sts, ch 3, sk next ch sp**, dc in each of next 4 sts, rep from * around, ending last rep at **, join with sl st in 3rd ch of beg ch-3.

Rnd 21: Ch 3, dc in each of next 3 sts, *sk next ch sp, dc in each of next 4 sts, ch 5, sk next ch sp**, dc in each of next 4 sts, rep from * around, ending last rep at **, join with sl st in 3rd ch of beg ch-3.

Rnd 22: Ch 3, dc in each of next 2 sts, *sk next 2 sts, dc in each of next 3 sts, ch 5, sk next ch sp**, dc in each of next 3 sts, rep from * around, ending last rep at **, join with sl st in 3rd ch of beg ch-3.

Rnd 23: Ch 3 *(does not count as first dc this rnd)*, tr dec in next 5 sts, *ch 11, in front of ch sp, sl st in ch-3 sp on rnd 21, ch 11**, tr dec in next 6 sts, rep from * around, ending last rep at **, join with sl st in top of beg tr dec.

Rnd 24: Ch 1, sc in same st, *ch 11, in front of next ch-5 sp, sl st in next ch-5 sp on rnd 22, ch 11**, sc in next tr dec, rep from * around, ending last rep at **, join with sl st in beg sc.

Rnd 25: Ch 1, sc in same st, *ch 11, in front of next ch-5 sp, sl st in next ch-5 sp on rnd 23, ch 11**, sc in next sc, rep from * around, ending last rep at **, join with sl st in beg sc. Fasten off.

Inner Tier

Rnd 1: With RS facing join with sl st in any ch-5 sp on rnd 13, beg shell in same ch sp, *ch 3, sk next V-st**, shell in next ch-5 sp, rep from * around, ending last rep at **, join with sl st in 3rd ch of beg ch-3.

Rnds 2–8: Rep rnds 19–25.

Bottom Tier

Rnd 1: With WS facing, join with sl st in any ch-3 sp between dc groups on rnd 20, ch 6, dc in same ch sp, [ch 3, V-st in next ch-3 sp] around, ch 3, join with sl st in 3rd ch of beg ch-6, **turn.**

Rnd 2: Sl st in next st, ch 6, sk next ch sp, dc in next st, [ch 3, sk next ch sp, dc in next st] around, ch 3, join with sl st in 3rd ch of beg ch-6.

Rnds 3 & 4: Ch 6, sk next ch sp, dc in next st, [ch 3, sk next ch sp, dc in next st] around, ch 3, sk last ch sp, join with sl st in 3rd ch of beg ch-6.

Rnd 5: Ch 4, sk next ch sp, tr in next st, *ch 8, dtr in 8th ch from hook**, [sk next ch sp, tr in next st] twice, rep from * around, ending last rep at **, join with sl st in 4th ch of beg ch-4. Fasten off. ❑❑

Sunburst

SKILL LEVEL

INTERMEDIATE

FINISHED SIZE
24 inches in diameter

MATERIALS
- Caron's Grandma's Best crochet cotton size 10: 500 yds #157 cream
- Size 7/1.65mm steel crochet hook or size needed to obtain gauge

GAUGE
Rnds 1–3 = 2½ inches in diameter

PATTERN NOTE
Do not count or work into slip stitches unless otherwise stated.

SPECIAL STITCHES
Popcorn (pc): 7 dc in specified ch sp or st, drop lp from hook, insert hook in beg dc of group, pull dropped lp through, ch 1.

Shell: (3 dc, ch 3, 3 dc) in same st or ch sp.

Treble crochet split decrease (tr split dec): *Yo twice, insert hook, yo, pull lp through, [yo, pull through 2 lps on hook] twice, rep from * in each of the sts indicated*, sk next ch sp, rep between *, yo, pull through all lps on hook.

INSTRUCTIONS
DOILY
Rnd 1: Ch 8, sl st in first ch to form ring, ch 1, 24 hdc in ring, join with sl st in top of beg hdc. *(24 hdc)*

Rnd 2: Ch 3 *(counts as first dc)*, dc in same st, 2 dc in each st around, join with sl st in 3rd ch of beg ch-3. *(48 dc)*

Rnd 3: Ch 3, dc in each of next 2 sts, ch 3, [dc in each of next 3 sts, ch 3] around, join with sl st in 3rd ch of beg ch-3.

Rnd 4: Ch 3 *(does not count as dc this rnd)*, **tr split dec** *(see Special Stitches)* in next 5 sts, *ch 7, sl st in next ch sp, ch 7**, tr split dec in next 6 sts, rep from * around, ending last rep at **, join with sl st in top of beg tr split dec.

Rnd 5: Ch 3, dc in same st, *ch 5, sl st in center ch of next ch sp, ch 7, sl st in center ch of next ch sp, ch 5**, 2 dc in next tr split dec, rep from * around, ending last rep at **, join with sl st in 3rd ch of beg ch-3.

Rnd 6: Ch 3, 2 dc in same ch sp, *ch 3, 3 dc in next st, ch 3, sk next ch sp, **shell** *(see Special Stitches)* in center ch of next ch sp, ch 3, sk next ch sp**, 3 dc in next st, rep from * around, ending last rep at **, join with sl st in 3rd ch of beg ch-3.

Rnd 7: Ch 3, *shell in ch sp of same shell, sk next 2 sts of same shell, dc in last dc of same shell, ch 3, sk next ch sp**, dc in first dc of next shell, rep from * around, ending last rep at **, join with sl st in 3rd ch of beg ch-3.

Rnd 8: Ch 3, *shell in ch sp of same shell, sk next 2 dc, dc in last dc of same shell, ch 5, sk next ch sp**, dc in first dc of next shell, rep from * around, ending last rep at **, join with sl st in 3rd ch of beg ch-3.

Rnd 9: Ch 3, *shell in ch sp of same shell, sk next 2 dc, dc in last dc of same shell, ch 5, sk next ch sp**, dc in first dc of next shell, rep from * around, ending last rep at **, join with sl st in 3rd ch of beg ch-3.

Rnd 10: Ch 3, *shell in ch sp of same shell, sk next 2 dc, dc in last dc of same shell, ch 4, sl st in next ch sp, ch 4**, dc in first dc of next shell, rep from * around, ending last rep at **, join with sl st in 3rd ch of beg ch-3.

Rnd 11: Ch 3, dc in each of next 2 dc of shell, *7 dc in ch sp of same shell, dc in each of next 3 dc of same shell, ch 7, sk next 2 ch sps**, dc in each of next 3 dc of next shell, rep from * around, ending last rep at **, join with sl st in 3rd ch of beg ch-3.

Rnd 12: Ch 3, dc in each of next 5 sts, *(3 dc, ch 3, 3 dc) in next st, dc in each of next 6 sts, sl st in next ch sp**, dc in each of next 6 sts, rep from * around, ending last rep at **, join with sl st in 3rd ch of beg ch-3. Fasten off.

Rnd 13: Sk first 9 sts and next ch sp, join with sl st in next st, ch 3, dc in each of next 7 sts, *sk next 2 dc, dc in each of next 8 dc, ch 5, sk next ch sp**, dc in each of next 8 dc, rep from * around, ending last rep at **, join with sl st in 3rd ch of beg ch-3.

Rnd 14: Ch 3, dc in each of next 6 dc, *sk next 2 dc, dc in each of next 7 dc, ch 3, sl st in next ch sp, ch 3**, dc in each of next 7 dc, rep from * around, ending last rep at **, join with sl st in 3rd ch of beg ch-3.

Rnd 15: Ch 3, dc in each of next 5 sts, *sk next 2 sts, dc in each of next 6 sts, ch 5, sl st in next sl st, ch 5**, dc in each of next 6 sts, rep from * around, ending last rep at **, join with sl st in 3rd ch of beg ch-3.

Rnd 16: Ch 3, dc in each of next 4 sts, *sk next 2 sts, dc in each of next 5 sts, [ch 5, sl st in next ch sp] twice, ch 5**, dc in each of next 5 sts, join with sl st in 3rd ch of beg ch-3.

Rnd 17: Ch 3, dc in each of next 3 sts, *sk next 2 sts, dc in each of next 4 sts, [ch 5, sl st in next ch sp] 3 times, ch 5**, dc in each of next 4 sts, rep from * around, ending last rep at **, join with sl st in 3rd ch of beg ch-3.

Rnd 18: Ch 3, dc in each of next 2 sts,

*sk next 2 sts, dc in each of next 3 sts, [ch 5, sl st in next ch sp] 4 times, ch 5**, dc in each of next 3 sts, rep from * around, ending last rep at **, join with sl st in 3rd ch of beg ch-3.

Rnd 19: Ch 3, dc in next st, *sk next 2 sts, dc in each of next 2 sts, [ch 5, sl st in next ch sp] 5 times, ch 5**, dc in each of next 2 sts, rep from * around, ending last rep at **, join with sl st in 3rd ch of beg ch-3.

Rnd 20: Ch 3, *sk next 2 sts, dc in next st, [ch 5, sl st in next ch sp] 6 times, ch 5**, dc in next st, rep from * around, ending last rep at **, join with sl st in 3rd ch of beg ch-3,

Rnd 21: Sl st to center of next ch sp, ch 5, [sl st in center of next ch sp, ch 5] around, join with sl st in base of beg ch-5.

Rnd 22: Ch 8 (*counts as first dc and ch sp*), sk next ch sp, [dc in next sl st, ch 5, sk next ch sp] around, join with sl st in 3rd ch of beg ch-8.

Rnds 23 & 24: Ch 8, sk next ch sp, [dc in next st, ch 5, sk next ch sp] around, join with sl st in 3rd ch of beg ch-8.

Rnd 25: *Ch 5, tr in same st, sk next ch sp, **pc** (*see Special Stitches*) in next st, ch 5, tr in top of last pc made, sk next ch sp**, sl st in next st, rep from * around, ending last rep at **, join with sl st in base of beg ch-5. Fasten off.

First Popcorn Round
Rnd 26: Working in skipped ch sps of rnd 21, join with sl st in 3rd ch of ch sp directly above 2 dc of rnd 20, *ch 5, tr in same ch sp, pc in next ch sp, ch 5, tr in top of last pc made**, sl st in 3rd ch of next ch sp, rep from * around, ending last rep at **, join with sl st in base of beg ch-5. Fasten off.

Second Popcorn Round
Rnd 27: Working in sk ch sps of rnd 22, join with sl st in 3rd ch of next ch sp. *ch 5, tr in same ch**, sl st in 3rd ch of next ch sp, rep from * around, ending last rep at **, join with sl st in base of beg ch-5. Fasten off.

Third Popcorn Round
Rnd 28: Working in skipped ch sps of rnd 23, join with sl st in 3rd ch of next ch sp, *ch 5, tr in same ch**, sl st in 3rd ch of next ch sp, rep from * around, ending last rep at **, join with sl st in base of beg ch-5. Fasten off.

Aster Beauty

SKILL LEVEL

INTERMEDIATE

FINISHED SIZE
19 x 44 inches

MATERIALS
- DMC Cebelia crochet cotton size 10:
  600 yds blanc
- Size 7/1.65mm steel crochet hook or size needed to obtain gauge

GAUGE
Rnds 1 and 2 = 1¼ inches in diameter

PATTERN NOTE
Do not count or work into slip stitchess unless otherwise state.

INSTRUCTIONS
DOILY
First Motif
Rnd 1: Ch 8, sl st in first ch to form ring, ch 1, 24 sc in ring, join with sl st in beg sc. *(24 sc)*

Rnd 2: Ch 3 *(counts as first dc)*, dc in each of next 2 sts, ch 5, [dc in each of next 3 sts, ch 5] around, join with sl st in 3rd ch of beg ch-3.

Rnd 3: Ch 3, *(dc, ch 5, dc) in next st, dc in next st, sl st in next ch sp**, dc in next st, rep from * around, ending last rep at **, join with sl st in 3rd ch of beg ch-3.

Rnd 4: Sl st across to 3rd ch of next ch sp, ch 5, **dc dec** *(see Stitch Guide)* in next 4 sts, *ch 5, sl st in next ch sp, ch 5**, dc dec in next 4 sts, rep from * around, ending last rep at **, join with sl st in base of beg ch-5.

Rnd 5: Sl st across to 3rd ch of next ch sp, *ch 7, sk next st, sl st in next ch sp, ch 7**, sl st in next ch sp, rep from * around, ending last rep at **, join with sl st in base of beg ch-7.

Rnd 6: Ch 4 *(counts as first tr)*, (3 tr, ch 5, 4 tr) in same st, *sl st in next ch sp, [ch 9, sl st in next ch sp] 3 times**, (4 tr, ch 5, 4 tr) in next sl st, rep from * around, ending last rep at **, join with sl st in 4th ch of beg ch-4. Fasten off.

Joined Motif
Rnds 1–5: Rep rnds 1–5 of First Motif.

Rnd 6: Ch 4, 3 tr in same st, ch 2, sl st in 3rd ch of any corner ch-5 sp of last Motif, ch 2, 4 tr in same st on this Motif, sl st in next ch sp, [ch 4, sl st in 5th ch of next ch sp of last Motif, ch 4, sl st in next ch sp on this motif] 3 times, 4 tr in next sl st, ch 2, sl st in 3rd ch of last Motif corner ch sp, ch 2, 4 tr in same st on this motif *(rep joining as many times as needed to join according to illustration)*, complete rnd as rnd 6 of First Motif.

Rep Joined Motif, joining as needed according to illustration.

Corner Motif
Rnd 1: Ch 6, sl st in first ch to form ring, ch 1, 18 sc in ring, join with sl st in beg sc. *(18 sc)*

Rnds 2–5: Rep rnds 2–5 of First Motif.

Rnd 6: Rep rnd 6 of Joined Motif, joining as needed according to illustration.

Edging
Rnd 1: With RS facing, sk joining ch sps between Motifs, join with sl st in first tr of corner, ch 1, sc in same st, sc in each of next 3 tr, *ch 5, [4 dc in 5th ch of next ch-9 sp, ch 5] 3 times, sc in each of next 4 tr, ch 5, sk joining ch sps**, sc in each of next 4 tr, rep from * around, ending last rep at **, join with sl st in beg sc.

Rnd 2: Ch 8 *(counts as first dc and ch sp)*, *dc in each of next 2 sc, ch 5, dc in next sc, sl st in next ch sp, dc in next dc, ch 5, dc in each of next 2 dc, ch 5, dc in next dc, sl st in next ch sp, dc in next dc, [ch 5, tr in next dc] twice, ch 5, dc in next dc, sl st in next ch sp, dc in next st, ch 5, dc in each of next 2 dc, ch 5, dc in next dc, sl st in next ch sp, dc in next sc, ch 5, dc in each of next 2 sc, ch 5, dc in next sc, sl st in next ch sp**, dc in next sc, ch 5, rep from * around, ending last rep at **, join with sl st in 3rd ch of beg ch-8.

Rnd 3: Sl st across to 3rd ch, ch 1, sc in same ch, *[ch 5, dc in 3rd ch of next ch sp] 9 times, ch 5**, sc in each of next 2 ch sps, rep from * around, ending last rep at **, sc in next ch sp, join with sl st in beg sc.

Rnd 4: Sl st across to 3rd ch, *(3 dc, ch 3, 3 dc) in next dc, sl st in next ch sp, ch 5**, sl st in next ch sp, rep from * around, ending last rep at **, join with sl st in beg sl st.

Rnd 5: Sl st in next dc, ch 3, dc in each of next 2 dc, *5 dc in next ch sp, dc in each of next 3 dc, sl st in next ch sp**, dc in each of next 3 dc, rep from * around, ending last rep at **, join with sl st in 3rd ch of beg ch-3.

Corner Motif	Joined Motif	Joined Motif	Joined Motif	Joined Motif	Joined Motif	Corner Motif
First Motif	Joined Motif	Joined Motif	Joined Motif	Joined Motif	Joined Motif	Joined Motif
Corner Motif	Joined Motif	Joined Motif	Joined Motif	Joined Motif	Joined Motif	Corner Motif

Rnd 6: *Ch 5, tr in same st, sk next 3 dc, (sl st, ch 5, tr) in next st, sk next st, (sl st, ch 5, tr) in next st, sk next 3 sts, sl st in next st, sk next sl st**, sl st in next dc, rep from * around, ending last rep at **, join with sl st in base of beg ch-5. Fasten off.

Buttercups

SKILL LEVEL
INTERMEDIATE

FINISHED SIZE
18 x 23 inches

MATERIALS
- DMC Traditions crochet cotton size 10:
   1000 yds #B5200 bright white
- Size 7/1.65mm steel crochet hook or size needed to obtain gauge
- Tapestry needle
- Sewing needle
- Sewing thread to match
- 4 yellow 7/8-inch buttons

GAUGE
7 dc = 1 inch; 3 dc rows = 1 inch

PATTERN NOTE
Do not count or work into slip stitches unless otherwise stated.

SPECIAL STITCH
Treble crochet decrease (tr dec): *Yo twice, insert hook, yo, pull lp through, [yo, pull through 2 lps on hook] twice, rep from * in each of the sts indicated, yo, pull through all lps on hook, ch 1.

INSTRUCTIONS
DOILY
Center
Row 1: Loosely ch 21, dc in 4th ch from hook *(first 3 chs count as first dc)* and in each ch across, turn. *(19 dc)*
Row 2: Ch 3 *(counts as first dc)*, dc in each of next 3 sts, ch 2, sk next 2 sts, dc in each of next 7 sts, ch 2, sk next 2 sts, dc in each of last 4 sts, turn. *(15 dc, 2 ch-2 sps)*
Row 3: Ch 3, dc in each of next 3 sts, ch 2, sk next ch sp, dc in each of next 7 sts, ch 2, sk next ch sp, dc in each of last 4 sts, turn.
Rows 4–18: Ch 3, dc in each of next 3 sts, ch 2, sk next ch sp, dc in each of next 7 sts, ch 2, sk next ch sp, dc in each of last 4 sts, turn.
Row 19: Ch 3, dc in each of next 3 sts, 2 dc in next ch sp, dc in each of next 7 sts, 2 dc in next ch sp, dc in each of last 4 sts, **do not turn.**

Border
Rnd 1: Working around outer edge in ends of rows, ch 1, 2 sc in end of each row across, working in starting ch on opposite side of row 1 on Center, sc in each ch across, 2 sc in end of each row across, sc in each st across, join with sl st in beg sc.
Rnd 2: (Ch 6–*counts as first dc and ch sp*, dc, ch 3, dc, ch 3, dc) in first st, *[sk next 2 sts, (dc, ch 3, dc) in next st] 12 times, sk next 2 sts, (dc, ch 3, dc, ch 3, dc) in next st, [sk next 2 sts, (dc, ch 3, dc) in next st] 5 times, sk next 2 sts*, (dc, ch 3, dc, ch 3, dc) in next st, rep between *, join with sl st in 3rd ch of beg ch-6.
Rnd 3: Ch 8 *(counts as first dc and ch sp)*, *sk next ch sp, dc in next st, [ch 5, sk next ch sp, dc in next st] twice, sl st in next ch sp, [ch 5, sl st in next ch sp] 11 times, sk next st, dc in next st, [ch 5, sk next ch sp, dc in next st] 3 times, sl st in next ch sp, [ch 5, sl st in next ch sp] 4 times, sk next st*, dc in next st, ch 5, rep between *, join with sl st in 3rd ch of beg ch-8.
Rnd 4: Sl st across to 3rd ch of next ch sp, *16 dc in ch sp, sl st in next ch sp, [ch 5, sl st in next ch sp] 12 times, 16 dc in corner ch sp, sl st in next ch sp, [ch 5, sl st in next ch sp] 5 times, rep from * around, ending with last sl st in beg sl st.
Rnd 5: Sl st in next dc, ch 3, dc in same st, 2 dc in each of next 15 sts, *sl st in next ch sp, [ch 5, sl st in next ch sp] 11 times, 2 dc in each of next 16 sts, sl st in next ch sp, [ch 5, sl st in next ch sp] 4 times*, 2 dc in each of next 16 sts, rep between *, join with sl st in 3rd ch of beg ch-3.
Rnd 6: Ch 3, dc in each of next 31 sts, *sl st in next ch sp, [ch 5, sl st in next ch sp] 10 times, dc in each of next 32 sts, sl st in next ch sp, [ch 5, sl st in next ch sp] 3 times*, dc in each of next 32 sts, rep between *, join with sl st in 3rd ch of beg ch-3.
Rnd 7: Ch 3, dc in same st, 2 dc in each of next 7 sts, *dc in each of next 16 sts, 2 dc in each of next 8 sts, sl st in next ch sp, [ch 5, sl st in next ch sp] 9 times, 2 dc in each of next 8 sts, dc in each of next 16 sts, 2 dc in each of next 8 sts, sl st in next ch sp, [ch 5, sl st in next ch sp] twice*, 2 dc in each of next 8 sts, rep between *, join with sl st in 3rd ch of beg ch-3.
Rnd 8: Ch 3, dc in each of next 47 sts, *sl st in next ch sp, [ch 5, sl st in next ch sp] 8 times, dc in each of next 48 sts, sl st in next ch sp, ch 5, sl st in next ch sp*, dc in each of next 48 sts, rep between *, join with sl st in 3rd ch of beg ch-3.

Triple Leaf Cluster
First Leaf
Row 9: Working in rows, ch 3, dc in each of next 9 sts, sk next 2 sts, dc in each of next 10 sts leaving rem sts unworked, turn.

Row 10: Ch 3, dc in each of next 8 sts, sk next 2 sts, dc in each of last 9 sts, turn.

Row 11: Ch 3, dc in each of next 7 sts, sk next 2 sts, dc in each of last 8 sts, turn.

Row 12: Ch 3, dc in each of next 6 sts, sk next 2 sts, dc in each of last 7 sts, turn.

Rows 13–18: Work in established pattern of row 12 until only 2 dc rem. At end of last row, fasten off.

Second & Third Leaf
Row 9: With RS facing join with sl st in next unworked dc on rnd 8, ch 3, dc in each of next 9 sts, sk next 2 sts, dc in each of next 10 sts leaving rem sts unworked, turn.

Rows 10–18: Rep rows 10–18 of First Leaf.

Rep Triple Leaf Cluster in each corner dc group.

Edging
Rnd 1: Working around entire outer edge in ends of rows, join with sl st in first row Leaf, ch 1, 3 sc in same row, *3 sc in end of each of next 8 rows, 7 sc in end of next row, [3 sc in end of each of next 18 rows, 7 sc in end of next row] 5 times, 3 sc in end of each of next 9 rows, ch 5, sk next ch sp, sl st in next ch sp, [ch 5, sl st in next ch sp] 4 times, ch 5, sk next ch sp**, 3 dc in end of next row, rep from * around, ending with last rep at **, join with sl st in beg sc.

Rnd 2: Sl st in each of next 4 sts, ◊*[ch 5, sk next 2 sts, sl st in next st] 7 times, ch 5, sk next 3 sts, sl st in next st, ch 5, sk next st, sl st in next st, ch 5, sk next 3 sts, sl st in next st**, [ch 5, sk next 2 sts, sl st in next st] 7 times, sk next 8 sts, sl st in next st*, rep between * twice, ending last rep at **, [ch 5, sk next 2 sts, sl st in next st] 4 times, sk next 26 sts, sl st in next st, [ch 5, sk next 2 sts, sl st in next st] 4 times, ch 5, sk next 3 sts, sl st in next st, ch 5, sk next st, sl st in next st, ch 5, sk next 3 sts, sl st in next st, [ch 5, sk next 2 sts, sl st in next st] 7 times, sk next 8 sts, sl st in next st, rep between * twice, ch 5, sk next ch sp, sl st in next ch sp, [ch 5, sl st in next ch sp] 3 times, ch 5, sk next ch sp and next 4 sts, sl st in next st, rep from ◊ around, join with sl st in base of beg ch-5.

Rnd 3: Sl st in each of next 2 chs, ◊*[ch 5, sl st in next ch sp] 16 times, sl st in next ch sp*, rep between *, [ch 5, sl st in next ch sp] 13 times, sl st in next ch sp, [ch 5, sl st in next ch sp] 13 times, sl st in next ch sp, rep between * twice, ch 5, sk next ch sp, sl st in next ch sp, [ch 5, sl st in next ch sp] twice, ch 5, sk next ch sp, sl st in next ch sp, rep from ◊, ending with sl st in base of beg ch-5.

Rnd 4: Sl st in each of next 2 chs, ◊*[ch 5, sl st in next ch sp] 15 times, sl st in next ch sp*, rep between * once, [ch 5, sl st in next ch sp] 12 times sl st in next ch sp, [ch 5, sl st in next ch sp] 12 times, sl st in next ch sp, rep between * twice, ch 5, sk next ch sp, sl st in next ch sp, ch 5, sk next ch sp, sl st in next ch sp, rep from ◊, ending with sl st in base of beg ch-5.

Rnd 5: Sl st in each of next 2 chs, ◊*[ch 5, sl st in next ch sp] 14 times, sl st in next ch sp*, rep between * once, [ch 5, sl st in next ch sp] 11 times, sl st in next ch sp, [ch 5, sl st in next ch sp] 11 times, sl st in next ch sp, rep between * twice, ch 5, sk next ch sp, sl st in next ch sp, ch 5, sk next ch sp, sl st in next ch sp, rep from ◊, ending with sl st in base of beg ch-5.

Rnd 6: Sl st in each of next 2 chs, ◊*[ch 5, sl st in next ch sp] 13 times, sl st in next ch sp*, rep between * once, [ch 5, sl st in next ch sp] 10 times, sl st in next ch sp, [ch 5, sl st in next ch sp] 10 times, sl st in next ch sp, rep between * twice, sk next 2 ch sps, sl st in next ch sp, rep from ◊, ending with sl st in base of beg ch-5.

Rnd 7: Ch 1, 6 sc in each ch sp around, join with sl st in beg sc.

Rnd 8: Sl st in each of next 12 sts, ◊*[ch 7, tr in 7th ch from hook, sk next 5 sts, sl st in next st] 9 times, ch 7, tr in 7th ch from hook, sk next 23 sts, sl st in next st, [ch 7, tr in 7th ch from hook, sk next 5 sts, sl st in next st] 9 times, ch 7, tr in 7th ch from hook, sk next 23 sts, sl st in next st*, [ch 7, tr in 7th ch from hook, sk next 5 sts, sl st in next st] 6 times, ch 7, tr in 7th ch from hook, sk next 23 sts, sl st in next st, [ch 7, tr in 7th ch from hook, sk next 5 sts, sl st in next st] 6 times, ch 7, tr in 7th ch from hook, sk next 23 sts, sl st in next st, rep between *, ch 7, tr in 7th ch from hook, sk next 23 sts, sl st in next st, rep from ◊, ending with sl st in base of beg ch-7. Fasten off.

Flower
Make 4.
Rnd 1: Ch 4, 23 dc in 4th ch from hook *(first 3 chs count as first dc)*, join with sl st in 3rd ch of beg ch-3. *(24 dc)*

Rnd 2: Ch 3 *(counts as first dc)*, 3 dc in same st, 4 dc in next st, *sk next 2 sts**, 4 dc in each of next 2 sts, rep from * around, ending last rep at **, join with sl st in 3rd ch of beg ch-3.

Rnd 3: Ch 7, **tr dec** *(see Special Stitch)* in next 6 sts, *ch 7, sl st in each of next 2 sts, ch 7, tr dec in next 6 sts, rep from * around, ch 7, sl st in last st, join with sl st in base of beg ch-7. Fasten off. *(6 petals)*

Rnd 4: With RS facing, working behind petals in sk sts on rnd 1, join with sl st in first sk st, ch 4 *(counts as first tr)*, 3 tr in same st, 4 tr in next st, 4 tr in each sk st around, join with sl st in 4th ch of beg ch-4.

Rnd 5: Ch 7, tr dec in next 6 sts, *ch 7, sl st in each of next 2 sts, ch 7, tr dec in next 6 sts, rep from * around, ch 7, sl st in last st, join with sl st in base of beg ch-7. Fasten off.

Place each Flower at base of each center leaf *(as shown in photo)*, sew 1 button to center of each Flower and leaf. ❑❑

Stitch Guide

ABBREVIATIONS

beg	begin/beginning
bpdc	back post double crochet
bpsc	back post single crochet
bptr	back post treble crochet
CC	contrasting color
ch	chain stitch
ch-	refers to chain or space previously made (i.e. ch-1 space)
ch sp	chain space
cl	cluster
cm	centimeter(s)
dc	double crochet
dec	decrease/decreases/decreasing
dtr	double treble crochet
fpdc	front post double crochet
fpsc	front post single crochet
fptr	front post treble crochet
g	gram(s)
hdc	half double crochet
inc	increase/increases/increasing
lp(s)	loop(s)
MC	main color
mm	millimeter(s)
oz	ounce(s)
pc	popcorn
rem	remain/remaining
rep	repeat(s)
rnd(s)	round(s)
RS	right side
sc	single crochet
sk	skip(ped)
sl st	slip stitch
sp(s)	space(s)
st(s)	stitch(es)
tog	together
tr	treble crochet
trtr	triple treble
WS	wrong side
yd(s)	yard(s)
yo	yarn over

Chain—ch: Yo, pull through lp on hook.

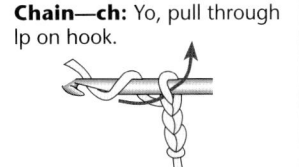

Slip stitch—sl st: Insert hook in st, yo, pull through both lps on hook.

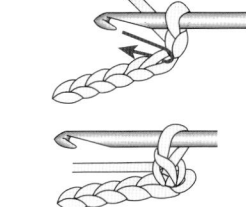

Single crochet—sc: Insert hook in st, yo, pull through st, yo, pull through both lps on hook.

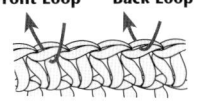

Front loop—front lp
Back loop—back lp

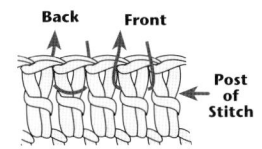

Front post stitch—fp:
Back post stitch—bp: When working post st, insert hook from right to left around post st on previous row.

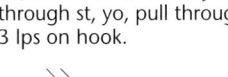

Half double crochet—hdc: Yo, insert hook in st, yo, pull through st, yo, pull through all 3 lps on hook.

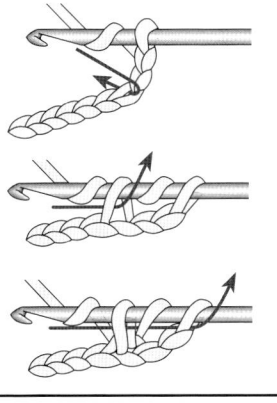

Double crochet—dc: Yo, insert hook in st, yo, pull through st, [yo, pull through 2 lps] twice.

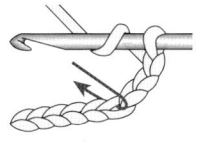

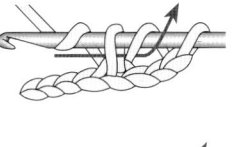
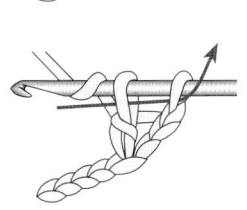

Change colors: Drop first color; with second color, pull through last 2 lps of st.

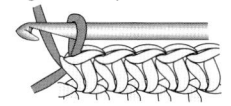

Treble crochet—tr: Yo twice, insert hook in st, yo, pull through st, [yo, pull through 2 lps] 3 times.

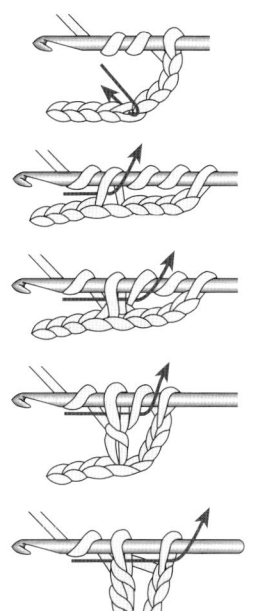

Double treble crochet—dtr: Yo 3 times, insert hook in st, yo, pull through st, [yo, pull through 2 lps] 4 times.

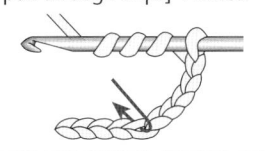

Single crochet decrease (sc dec): (Insert hook, yo, draw up a lp) in each of the sts indicated, yo, draw through all lps on hook.

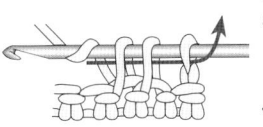
Example of 2-sc dec

Half double crochet decrease (hdc dec): (Yo, insert hook, yo, draw lp through) in each of the sts indicated, yo, draw through all lps on hook.

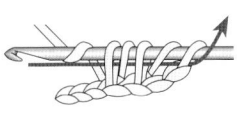
Example of 2-hdc dec

Double crochet decrease (dc dec): (Yo, insert hook, yo, draw lp through, yo, draw through 2 lps on hook) in each of the sts indicated, yo, draw through all lps on hook.

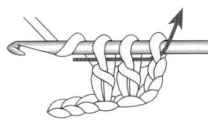
Example of 2-dc dec

US		UK
sl st (slip stitch)	=	sc (single crochet)
sc (single crochet)	=	dc (double crochet)
hdc (half double crochet)	=	htr (half treble crochet)
dc (double crochet)	=	tr (treble crochet)
tr (treble crochet)	=	dtr (double treble crochet)
dtr (double treble crochet)	=	ttr (triple treble crochet)
skip	=	miss

For more complete information, visit

StitchGuide.com

306 East Parr Road
Berne, IN 46711
© 2005 Annie's Attic

TOLL-FREE ORDER LINE or to request a free catalog (800) LV-ANNIE (800) 582-6643
Customer Service (800) AT-ANNIE (800) 282-6643, **Fax** (800) 882-6643
Visit www.AnniesAttic.com

We have made every effort to ensure the accuracy and completeness of these instructions.
We cannot, however, be responsible for human error, typographical mistakes or variations in individual work.
Reprinting or duplicating the information, photographs or graphics in this publication by any means,
including copy machine, computer scanning, digital photography, e-mail, personal Web site and fax,
is illegal. Failure to abide by federal copyright laws may result in litigation and fines.

ISBN: 1-59635-043-1   All rights reserved   Printed in USA   2 3 4 5 6 7 8 9